ERP 沙盘模拟企业经营教程
(新道新商战)

宋建琦　吕中舒　付国军　主　编
关　坤　徐　峻　张　茜　副主编

清华大学出版社
北　京

内容简介

本书依托新道新商战软件，聚焦战略规划、资金筹集、设备投资与改造、产品研发、生产组织、原材料采购、市场营销、财务核算与管理等环节，让学生身临企业"情境"，体验完整的经营过程。在 ERP 沙盘模拟中，学生被分成多个团队，担当总经理、财务总监、营销总监、生产总监、采购总监等角色并行使职责，从中领悟经营管理规律，提升管理能力，将理论知识转换为实践技能。本书包含六个项目。项目一"认知 ERP 沙盘模拟"介绍 ERP 沙盘的相关概念和教具；项目二"创建团队"分析 ERP 沙盘团队组建要点，列出不同岗位的职责；项目三"认知规则"介绍筹资规则、投资规则、生产管理规则、营销管理规则等；项目四"引导年度经营"呈现年初运营、季度运营、年末运营的操作要点，以及特殊业务处理方法；项目五"经营 ERP 沙盘"列出经营所需的表格；项目六"分析经营成果"讲述运营中的各种操作技巧。另外，附录中列出了市场预测表、全国大学生"新道杯"沙盘模拟经营大赛规则及运营流程表。本书面向高职高专财经商贸类专业的学生，以及与新道公司有合作关系的各大院校的学生。

本书封面贴有清华大学出版社防伪标签，无标签者不得销售。
版权所有，侵权必究。举报：010-62782989，beiqinquan@tup.tsinghua.edu.cn。

图书在版编目(CIP)数据

ERP 沙盘模拟企业经营教程：新道新商战 / 宋建琦，吕中舒，付国军主编. -- 北京：清华大学出版社，2025. 2. -- ISBN 978-7-302-68289-9
Ⅰ. F272.7
中国国家版本馆 CIP 数据核字第 2025LT2874 号

责任编辑：高　屾　韩宏志
封面设计：周周设计局
版式设计：思创景点
责任校对：马遥遥
责任印制：宋　林

出版发行：清华大学出版社
网　　址：https://www.tup.com.cn，https://www.wqxuetang.com
地　　址：北京清华大学学研大厦 A 座　　　　邮　编：100084
社 总 机：010-83470000　　　　　　　　　　邮　购：010-62786544
投稿与读者服务：010-62776969，c-service@tup.tsinghua.edu.cn
质 量 反 馈：010-62772015，zhiliang@tup.tsinghua.edu.cn

印 装 者：三河市铭诚印务有限公司
经　　销：全国新华书店
开　　本：185mm×260mm　　　印　张：10.25　　　字　数：237 千字
版　　次：2025 年 4 月第 1 版　　　　　　　　　印　次：2025 年 4 月第 1 次印刷
定　　价：58.00 元

产品编号：105692-01

前　　言

当前的商业环境瞬息万变、竞争激烈。企业必须利用数字技术，对业务、管理、运营等方面进行全面升级和改造，以提高竞争力、创新力和适应能力，立于不败之地。ERP 系统作为一种关键工具，不仅能帮助企业高效地管理资源，还能提高生产效率、降低成本、改进决策流程。理解和掌握 ERP 系统能提高职场人士的决策能力，也能使求职者在竞争中脱颖而出。

ERP 沙盘模拟课程具有科学、简洁、实用、趣味等显著特点，以体验式教学方式成为教学创新的典范。

本教材依托新道新商战平台，将为读者燃灯指路，引领读者进入一个全新的商战世界。通过模拟和沙盘练习的方式，使读者在安全的环境中探索 ERP 系统的实施和管理，在动态变化的市场条件下掌握企业管理技巧，了解如何优化业务流程、提高效率，以及更好地满足客户需求。我们相信，通过沙盘模拟和深入学习，读者可更好地理解 ERP 系统的作用，更好地应对未来的商业挑战，能将 ERP 融入日常业务中，从而为企业创造持续的价值。

本教材采用新形态活页式设计，使读者能更自由地探索内容，随时随地深入研究感兴趣的主题，轻松参与课堂互动。读者不再被固定的章节和页码所束缚，可根据自己的需求随时增减经营所需的表格。同时，本书在理论部分留有"笔记"区域，便于读者随时记录心得。

本教材由山西国际商务职业学院宋建琦、晋中职业技术学院吕中舒、山西科达自控股份有限公司付国军担任主编，由山西财贸职业技术学院关坤、山西国际商务职业学院徐峻、山西经贸职业学院张茜担任副主编，其中宋建琦编写项目一和项目四，吕中舒编写项目二和项目三，关坤编写项目六，张茜编写项目五，付国军、徐峻编写附录，最后由宋建琦对全书进行总纂定稿。

在教材编写过程中，我们得到许多一线教师和业内专家的帮助和支持，在此一并表示感谢！

本书提供的配套教学资源包含以下内容：

- 教学课件(PPT 格式)、课程标准、课程进度表、沙盘三木表、项目五表格电子版等，可扫右侧二维码获取；
- 拓展资源，可扫文中二维码阅读；
- 教学视频，可扫文中二维码观看；
- 测试题，可扫文中二维码练习；

教学资源

- 彩图,可扫描文中二维码观看。注意,本书纸质书是黑白印刷,无法直接在纸稿上显示彩色效果。

由于作者水平和实践经验有限,加之编写时间仓促,书中不妥之处在所难免,还请读者批评指正。

编 者
2025 年 2 月

目 录

项目一　认知ERP沙盘模拟……………1
　任务一　认知ERP沙盘模拟………3
　任务二　认知ERP沙盘模拟训练的
　　　　　目的……………………5
　　一、提升知识素质………………5
　　二、提升技能素质………………6
　　三、提升能力素质………………6
　任务三　认知ERP沙盘教具………7
　　一、认知ERP沙盘盘面…………8
　　二、认知沙盘教具………………11

项目二　创建团队………………………13
　任务一　组建团队…………………14
　　一、团队概述……………………14
　　二、ERP沙盘团队组建…………15
　任务二　明确职能和人员分工……17
　　一、总经理岗位职责……………17
　　二、生产总监岗位职责…………19
　　三、营销总监岗位职责…………23
　　四、财务(会计)总监岗位职责…24
　　五、采购总监岗位职责…………25

项目三　认知规则………………………27
　任务一　认知筹资规则……………29
　　一、贷款规则……………………29
　　二、资金贴现规则………………30
　　三、库存拍卖规则………………31
　任务二　认知投资规则……………32
　　一、产品规则……………………32
　　二、ISO认证规则………………34
　任务三　认知生产管理规则………35
　　一、厂房规则……………………35
　　二、生产线规则…………………36
　任务四　认知营销管理规则………39
　　一、市场准入资格规则…………39
　　二、订单选取规则………………40

　任务五　认知其他规则……………45
　　一、排名规则……………………45
　　二、破产规则……………………45
　　三、管理费用……………………45
　　四、缴税规则……………………46

项目四　引导年度经营…………………47
　任务一　引导年度经营战略………48
　　一、年度规划会议………………48
　　二、支付广告费和支付所得税…48
　　三、参加订货会…………………48
　任务二　引导年度年初工作………50
　任务三　引导年度经营流程………52
　　一、当季开始……………………52
　　二、申请短贷……………………52
　　三、更新原料库…………………53
　　四、订购原料……………………54
　　五、购租厂房……………………55
　　六、新建生产线…………………56
　　七、在建生产线…………………57
　　八、生产线转产…………………57
　　九、出售生产线…………………58
　　十、开始生产……………………59
　　十一、应收款更新………………60
　　十二、按订单交货………………60
　　十三、厂房处理…………………61
　　十四、产品研发…………………62
　任务四　引导年度期末工作………64
　　一、ISO投资……………………64
　　二、市场开拓……………………65
　　三、当季(年)结束………………65
　任务五　编制ERP沙盘报表………67
　　一、填写报表……………………67
　　二、投放广告……………………68
　任务六　引导流程外运营操作……70

一、贴现 …………………………… 70
　　二、紧急采购 ………………………… 71
　　三、出售库存 ………………………… 71
　　四、厂房贴现 ………………………… 72
　　五、订单信息 ………………………… 73
　　六、间谍 ……………………………… 73
项目五　经营ERP沙盘(活页式表格) … 75
　任务一　年度财务报表 ………………… 76
　　一、经营第一年 ……………………… 76
　　二、经营第二年 ……………………… 79
　　三、经营第三年 ……………………… 82
　　四、经营第四年 ……………………… 85
　　五、经营第五年 ……………………… 88
　　六、经营第六年 ……………………… 91
　任务二　日常财务报表 ………………… 94
　任务三　备用报表 …………………… 102
项目六　分析经营成果 ………………… 111
　任务一　分析企业战略 ……………… 112
　　一、企业愿景 ……………………… 112
　　二、用SWOT模型分析企业的
　　　　内外部环境 …………………… 112
　　三、企业战略选择 ………………… 113

　任务二　分析生产组织 ……………… 115
　　一、厂房相关决策 ………………… 115
　　二、生产线相关决策 ……………… 116
　　三、产品相关决策 ………………… 119
　任务三　分析企业营销 ……………… 121
　　一、广告投放相关决策 …………… 121
　　二、选单相关决策 ………………… 122
　任务四　分析生产布局 ……………… 125
　　一、排产相关决策 ………………… 125
　　二、原料采购相关决策 …………… 128
　任务五　分析资金管理 ……………… 131
　　一、预算管理 ……………………… 131
　　二、融资相关决策 ………………… 136
　任务六　分析盈利能力 ……………… 139
　　一、盈利能力相关财务指标 ……… 139
　　二、盈利能力分析 ………………… 141
附录A　市场预测表 …………………… 143
附录B　全国大学生"新道杯"
　　　　沙盘模拟经营大赛规则 ……… 147
附录C　运营流程表 …………………… 157

项目一 认知ERP沙盘模拟

知识目标
- 认知ERP沙盘模拟与ERP沙盘的相关概念。
- 认知ERP沙盘教具。

职业技能目标
- 能明确ERP沙盘各岗位的职责。

素养目标
- 培养团队意识和协作精神。
- 培养诚信经营、勇于创新的精神。

知识导图

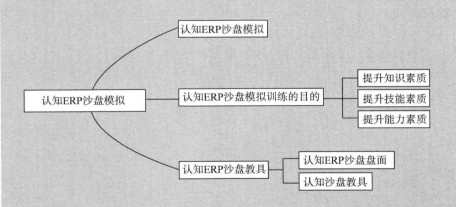

引导案例

A 公司成立四年来,一直专注 P 系列产品的生产与经营。目前,企业拥有自建的大厂房,厂房中安装了三条手工生产线和一条半自动生产线,运行状况平稳。财务方面,公司拥有总资产 1 亿 700 万元,其中权益 6 600 万元,负债 4 100 万元,经营风险很低。市场拓展方面,四年来 A 公司一直只在本地市场销售 P1 产品;P1 产品有了一定的知名度,本地客户也较为认可。

但是,面对越来越激烈的竞争,A 公司的结构显得发育不良,平静的表面下,其实隐藏着巨大的生存危机,具体状况如下:

(1) 生产设备都是老古董,产能低下,对效益影响很大。

(2) 资产负债情况对于一个需要蓬勃发展的企业来说,显得过于保守,极不利于企业在飞速发展的经济和激烈的竞争环境中生存。

(3) 产品类型过于单一,不利于企业发展。长此下去,会让企业作茧自缚,濒临破产。

脆弱性在暗暗积聚,多年来过于保守的管理决策对企业的发展形成了极大的制约,A 公司其实正处于生死存亡的边缘,将危机延后并非良策。

鉴于 A 公司目前所处的外部环境及内部管理状况,董事会决定对公司管理层进行大整顿,新的管理层将入职 A 公司,并试图带领企业走出慢性自杀的困境。未来几年对 A 公司至关重要。广阔的市场机遇与激烈的市场竞争正摆在 A 公司面前,能否把握住机遇,在竞争中杀出重围?假如你是履新的管理层,将如何帮企业摆脱困境呢?

案例思考

该案例既涉及物流、资金流和信息流的协同,又涉及企业实际运作中各个部门和管理人员的相互配合。贸然决策可能给企业带来巨额损失。本着对企业负责、对自己负责的原则,可通过 ERP 沙盘模拟企业经营状况,通过沙盘推演帮助企业制定经营方针,优化业务流程,提高工作效率。

任务一 认知 ERP 沙盘模拟

任务引例

在军事题材的电影、电视作品中,我们常常看到指挥员们站在一个地形模型前研究作战方案。这种根据地形图、航空照片或实地地形,按一定的比例关系,用泥沙、棋子和其他材料堆制的模型就是沙盘。

沙盘在我国已有悠久的历史。据《后汉书·马援传》记载,公元 32 年,汉光武帝刘秀征讨陇西的隗嚣,召名将马援商讨进军战略。马援对陇西一带的地理情况很熟悉,就用米堆成一个与实地地形相似的模型,从战术上做了详尽的分析。汉光帝看后,高兴地说:"敌人尽在我的眼中了!"这就是最早的沙盘作业。沙盘具有立体感强、形象直观、制作简便、经济实用等特点。沙盘用途广泛,能形象地显示作战地区的地形,表示敌我阵地组成、兵力部署和兵器配置等情况。军事指挥员常用沙盘研究地形、敌情、作战方案,组织协同动作,实施战术演练,研究战例和总结作战经验等。

知识准备与业务操作

ERP(企业资源计划)是集科学的管理理念与先进的信息技术于一体的企业管理系统,以供应链管理思想为核心,关注企业内外的一切资源和活动,将科学的方法应用于企业管理中,从而提高管理效率、降低企业运营成本,是当今世界上最流行的企业管理工具。

视频:沙盘推演

ERP 沙盘是针对 ERP 设计的角色体验的实验平台,将企业的主要流程浓缩在一个沙盘上,按照制造企业的职能部门进行划分,主要包括采购中心、生产中心、销售中心和财务中心,每个参与者扮演一个角色,通过模拟企业的内部经营环境与外部竞争环境,使参与者在虚拟环境中切身经历数年的企业经营管理过程。

ERP 模拟沙盘教具主要包括 6 个沙盘盘面,代表 6 个相互竞争的模拟企业。模拟沙盘按照制造企业的职能部门划分职能中心,各职能中心涵盖了企业运营的所有关键环节:战略规划、资金筹集、市场营销、产品研发、生产组织、物资采购、设备投资与改造、财务核算与管理等;将这些环节作为设计主线,把企业运营所处的内外环境抽象为一系列规则,通过学生参与、沙盘载体、模拟经营、对抗演练、讲师评析、学生感悟等实验环节,融理论与实践于一体、集角色扮演与岗位体验于一身,使受训者在分析市场、制定战略、营销

策划、组织生产、财务管理等一系列活动中，领悟科学的管理规律，培养团队精神，全面提升管理能力，对企业资源的管理过程进行身临其境的体验。

　　ERP 沙盘模拟是利用 ERP 沙盘教具(包括实物沙盘盘面、筹码、卡片等工具，以及与实物沙盘配套的企业竞争模拟软件)模拟企业经营的综合性实践过程。在此过程中学生以企业经营者(总经理、营销主管、生产主管、供应主管、财务主管)的身份，在变化的市场竞争条件下，模拟企业 6 年的经营全过程，参与企业运作的所有关键环节。

笔记

任务二　认知 ERP 沙盘模拟训练的目的

知识准备与业务操作

ERP 沙盘模拟公司运营的目的在于，通过学员之间的团队沟通与合作，模拟企业制订战略规划、编制财务预算、实施 ERP 流程管理等一系列活动，使学生深刻领会市场上的企业战胜竞争对手获得经营成功的内在要求。通过模拟企业经营活动，学生可以进一步感受到团队沟通、有效协作的必要性，并对企业各项经营活动积累大量的实际经验，具体来说应该实现三个方面的目标。

一、提升知识素质

知识素质包括模拟企业经营所涉及的经济管理相关领域知识的引入和传授。

(1) 深刻体会 ERP 核心理念，感受管理信息对称状况下的企业运作，体验统一整合的信息平台下企业运作管理功能的提升，培养依靠客观数字进行评测与决策的意识与技能，感悟准确、及时集成的信息对于科学决策的重要作用，掌握信息化时代的基本管理技能。

(2) 阐述一个制造企业的概貌。了解制造行业生产型企业经营所涉及的各方面因素：企业物流运作规则，企业财务管理、资金流向控制规则，企业生产、采购、销售和库存管理的运作规则，企业面临的市场竞争，未来发展机会，企业组织结构与岗位职责等。

(3) 了解企业经营的本质。通过演示资本、资产、损益的流程，对企业资产、负债与权益的结构和企业经营的本质(利润和成本的关系)形成更深刻的认识。进一步理解企业增加利润的关键因素和影响企业利润的因素，了解企业成本控制需要考虑的因素及扩大销售需要考虑的因素，等等。

(4) 理解确定企业市场战略和产品、市场的定位时需要考虑的因素。课程内容涉及产品产供销三者内在关系的分析、产品销售价位与销售毛利分析、市场开拓与品牌建设对企业经营的影响分析、市场投入效益分析及产品盈亏平衡点预测等。

(5) 掌握企业生产管理与成本控制的关键。通过模拟采购订单的控制，深刻理解"以销定产、以产定购"的基本管理思想；通过模拟库存控制，充分理解资产收益率与控制库存的关系；通过生产成本控制，理解生产线改造和建设的意义；通过模拟产销排程管理，能根据销售订单制订生产计划与采购计划等。

(6) 掌握预算管理在企业中的实施要点。理解如何制定企业经营财务预算；掌握现金流控制策略；理解如何制订销售计划，如何进行市场开发与拓展，如何根据市场分析和销

笔记

售计划来安排生产计划和采购计划；加深理解如何进行高效益的融资管理等。

(7) 能统筹管理企业人力资源。了解如何合理配置不同职能的管理岗位，知道如何对各岗位任职者进行绩效衡量与评估，理解"岗位胜任度"的度量思想。

二、提升技能素质

技能素质包括计算机操作技能和各种专业技能(如财务分析、市场预测等)的训练。

(1) ERP沙盘模拟锻炼学生发现问题、分析问题与解决问题的能力。在ERP沙盘模拟实践中，学生会遇到企业运营过程中经常出现的问题，如资金短缺，生产能力不足等，他们必须思考解决问题的方法，一起去寻找市场机会、分析规律、制定策略、实施管理。在每个财务年度结束后，可对比企业运营的得失，总结企业运营的经验和教训，体会各企业的经营发展战略，思考企业未来的发展方向和企业的经营发展战略。

(2) 在模拟实践过程中，学生需要思考企业未来的发展状况，融资情况，广告费投资情况，新产品研发情况，需要上什么样的生产线，何时购买，国际市场开拓情况，生产线扩建情况。这些问题都需要学生在短时间内做出决策。另外，ERP沙盘模拟实践还要求学生对企业运营进行分析，能开发市场和制定广告竞价策略。

三、提升能力素质

能力素质包括学习能力、决策能力、规划能力、表达能力、沟通能力、创新能力、领导能力、组织能力等。

(1) 在经营点评环节，分析企业经营成果，讲解战略思想。引导学生根据实际数据进行分析推理，利用综合材料理解局部管理与整体效益的关系，了解优胜企业与失败企业的关键差异等。

(2) 在经营过程中，通过团队合作和群体决策，培养学生的团队精神、人际沟通能力和冲突协调能力，帮助学生充分认识团队合作的重要性，深入理解企业经营活动的整体性及人力资源结构化配置思想的重要性。

(3) 在分析讨论环节，培养学生良好的语言组织和表达能力，锻炼学生的现场逻辑思维能力，提高学生的反应速度。

笔记

任务三　认知 ERP 沙盘教具

任务引例

沙盘分为简易沙盘和永久性沙盘。简易沙盘是用泥沙和兵棋等在场地上临时堆制的;永久性沙盘是用泡沫塑料板(或三合板)、石膏粉、纸浆等材料制作的,能长期保存。沙盘具有立体感强、形象直观、制作简便、经济实用等特点。ERP 沙盘盘面如图 1-1 所示。

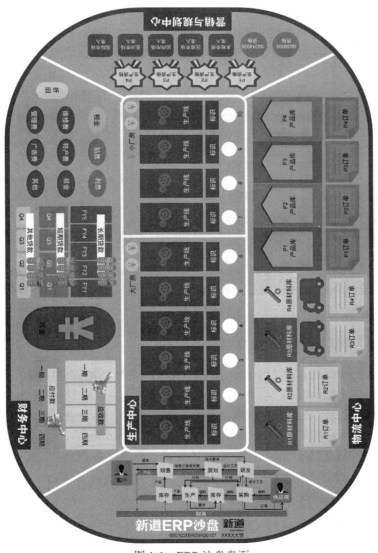

扩展资源:
沙盘盘面图

图 1-1　ERP 沙盘盘面

知识准备与业务操作

一、认知 ERP 沙盘盘面

ERP 沙盘模拟教学以一套沙盘教具为载体,主要包括若干个沙盘盘面,分别代表若干个相互竞争的模拟企业。一个沙盘盘面代表一个模拟企业,涉及信息中心、营销与规划中心、生产中心、物流中心、财务中心等功能区,模拟经营过程在沙盘上完成。

(一)"信息中心"沙盘盘面

以总经理为核心,结合所获得的各类信息,组织各部门人员制定公司的整体经营战略、经营目标、竞争战略、融资战略、投资战略、生产战略、采购战略、市场开发战略、质量管理体系认证战略等,并组织、监督和控制各部门的战略实施。信息中心沙盘盘面如图 1-2 所示。

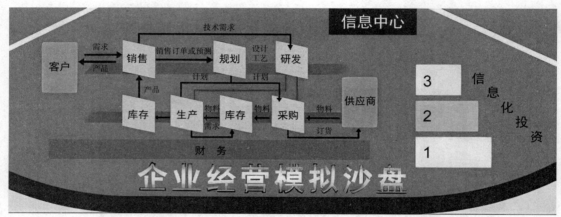

图 1-2 "信息中心"沙盘盘面

(二)"营销与规划中心"沙盘盘面

在盘面上,营销与规划中心主要包括三个区域:市场开拓规划区域、产品研发规划区域和 ISO 认证规划区域,如图 1-3 所示。

(1)市场开拓规划区域:确定企业需要开发哪些市场。各企业早已经进入了本地市场,选择开拓的市场有区域市场、国内市场、亚洲市场和国际市场。

(2)产品研发规划区域:确定企业需要开发哪些产品。各企业早已经生产了 P1 产品,可供选择开发的有 P2 产品、P3 产品和 P4 产品。

(3)ISO 认证规划区域:确定企业需要争取获得哪些国际认证,包括 ISO9000 质量认证和 ISO14000 环境认证。

企业只有取得相应的资格认证,才能进入相应的市场、获得相应的产品生产利润。

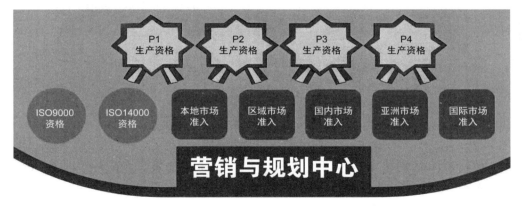

图1-3 "营销与规划中心"沙盘盘面

(三)"生产中心"沙盘盘面

生产中心主要由厂房、生产线、产品标识和价值区域构成,如图1-4所示。

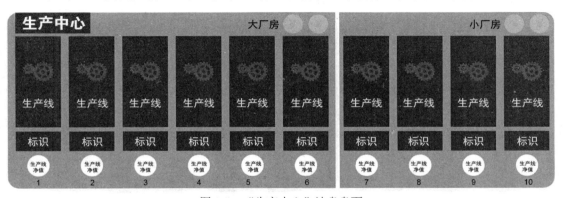

图1-4 "生产中心"沙盘盘面

(1) 厂房:沙盘盘面上有大、小两种厂房,大厂房可以安装6条生产线;小厂房可以安装4条生产线。厂房的上方为其价值区域,以"¥"表示,厂房可以购买或者租赁。

(2) 生产线:企业可以选择4种生产线:手工生产线、租赁生产线、自动生产线和柔性生产线,不同生产线的生产效率及灵活性不同。

(3) 产品标识:可供企业选择的生产或研发后生产的产品有4种,分别为P1、P2、P3、P4,企业的生产线生产哪种产品,就将哪种产品标识放置在相应的生产线的下方。

(4) 价值区域:产品标识的下方,代表的是生产线的价值区域,将企业拥有的生产线价值放置在其对应的产品标识下方的价值区域处。

(四)"物流中心"沙盘盘面

在沙盘上,物流中心主要体现为原材料订单、在途原材料、原材料库、产品库和产品订单5个区域,如图1-5所示。

图1-5 物流中心沙盘盘面

(1) 原材料订单区域：代表与供应商签订的订货合同，按R1订单、R2订单、R3订单和R4订单分别列示，订货数量用放在原材料订单处的空桶数量表示。

(2) 在途原材料区域：产品原料需要预先下单订购，R1、R2原材料的采购提前期为一个季度；R3、R4原材料的采购提前期为两个季度，形成在途物料，在"在途"区域列示。

(3) 原材料库区域：用于存放原材料，分别按照R1原材料库、R2原材料库、R3原材料库、R4原材料库品种列示。

(4) 产品库区域：用于存放产成品，分别按照P1产品库、P2产品库、P3产品库、P4产品库品种列示。

(5) 产品订单区域：用于存放企业取得的产品订单，分别按照P1订单、P2订单、P3订单、P4订单品种列示。

(五)"财务中心"沙盘盘面

在沙盘上，财务中心涵盖的内容更广泛，这里将其分为4个大的区域：费用区域、贷款区域、现金区域、应收应付款项区域，如图1-6所示。

扩展资料：沙盘教具

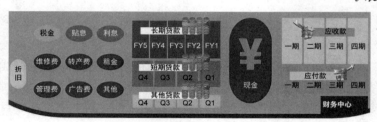

图1-6 "财务中心"沙盘盘面

(1) 费用区域：主要包括折旧、税金、贴息、利息、维修费、转产费、租金、管理费、广告费和其他费用。当企业发生上述费用时，财务主管将同等金额的钱币放置在相应的费用名称处。

(2) 贷款区域：贷款区域用于体现企业的贷款情况，主要包括长期贷款、短期贷款和其他贷款(高利贷)。长期贷款按年分期，短期贷款和其他贷款按季分期。企业发生贷款时，将贷款的空桶放置在相应的位置上。

(3) 现金区域：用于存放现金，现金用灰币表示，每个价值1M(M代表百万元，后同)。

(4) 应收应付款项区域：反映企业的应收款项、应付款项情况，用放置在相应位置上

笔记

的装有现金的桶表示。

二、认知沙盘教具

(一) 灰币

灰币代表资金,每个灰币代表 1M,如图 1-7 所示。

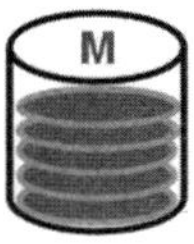

图 1-7 灰币

(二) 彩币

彩币代表原材料,即图 1-8 所示的 R1 原材料、R2 原材料、R3 原材料和 R4 原材料。

图 1-8 彩币

(三) 空桶

空桶在财务中心代表银行贷款,每桶 20M;空桶在物流中心代表原材料订单,一个空桶代表一个原材料采购订单;空桶也用作灰币、彩币的容器,如图 1-9 所示。

图 1-9 空桶

(四) 产品/在制品(见图 1-10)

图 1-10 产品/在制品

(五) 产品标识(见图 1-11)

| P1产品 | P2产品 | P3产品 | P4产品 |

图 1-11 产品标识

(六) 产品研发资格证(见图 1-12)

图 1-12 产品研发资格证

(七) 生产线(见图 1-13)

图 1-13　生产线

(八) 市场准入标牌(见图 1-14)

图 1-14　市场准入标牌

(九) ISO 资格标牌(见图 1-15)

图 1-15　ISO 资格标牌

—— 项目小结 ——

ERP 沙盘是借助一定的道具,通过参与者扮演角色,模拟企业内部经营状况和外部竞争环境,锻炼企业经营者的管理决策能力,从而降低运营成本,提高管理效率。沙盘经营过程中,通过团队沟通与合作,模拟企业制定战略规划、编制财务预算、实施 ERP 流程管理等一系列活动,学生可以深刻领会市场上的企业战胜竞争对手获得经营成功的要义。通过团队模拟企业经营活动,学生可以进一步感受到团队沟通、有效协作的必要性,并对企业各项经营活动积累大量的实际经验。

—— 项目训练 ——

一、什么是 ERP 沙盘模拟?
二、ERP 沙盘由哪些具体盘面构成?

笔记

项目二 创建团队

知识目标
- 了解团队的含义及组建原则。
- 掌握ERP沙盘团队组建要点。
- 了解不同岗位的职责。

职业技能目标
- 能有效沟通进行团队建设。
- 能掌握并运用ERP沙盘团队组建方法。
- 能有效协商进行团队分工。
- 能制定团队目标并达成共识。

素养目标
- 培养团队协作意识。
- 提升个人沟通能力和沟通水平。
- 提高个人能力,提升团队整体水平。

知识导图

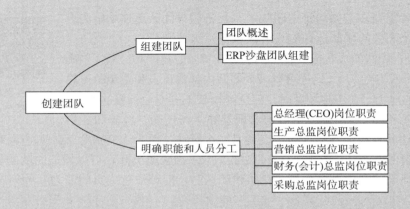

任务一　组建团队

一、团队概述

ERP沙盘模拟采用团队对抗的形式进行训练,将学生分成若干组,每组就是一个企业团队,分别代表同一行业中的不同企业。在对抗过程中,各个团队将在市场上进行竞争,寻求扩大市场份额,满足企业生存与发展需要。

视频：团队的含义

(一) 团队的含义

团队(team)是由员工和管理层组成的一个共同体,它合理利用每一个成员的知识和技能协同工作,解决问题,达到共同目标。但是,团队并不是简单的群体,团队和群体有一些根本性的区别。在群体中,人们进行简单形式的集聚,没有共同目标。而团队是由一群有共同目标愿景、技能互补,且相互承担责任的人们组成的。群体可以向团队过渡,可以通过使组织成员认可组织愿景、目标等方法,把群体培养成团队。

一个好汉三个帮,红花也需绿叶衬。不管一个人在某个行业多么优秀,都不可能具备所有经营管理经验,而借助团队就相当于是拿来主义,因为每位团队成员都可能拥有团队所需要的各种不同方面的经验,如营销经验、产品经验和人际交往经验等。通过团队去实现目标,可以达到事半功倍的效果。

一项针对创业者能力的研究报告也指出,组成团队与管理团队是成功创业者需要具备的主要能力之一。由于组成团队的基石是共同的愿景与共同信念,因此团队管理者需要提出一套能够凝聚人心的企业文化,形成团队愿景,让团队成员共同协作,创造佳绩。

(二) 团队的组建原则

一个团队管理者需要知道如何管理团队,并具备领导团队运作的能力。一般而言,创建一个高效的团队运作应该遵循以下六大原则。

(1) 全面性原则：团队的成员应具有不同的专业背景、技能和经验,以确保团队在各个方面都有专业人才。这样可以减少团队内部的盲点和避免单一思维,提高解决问题的能力。在组建团队时,应选择擅长不同专业领域的人才。

视频：团队的组建原则

(2) 互补性原则：团队成员之间应能够实现互补,在技能、经验和性格上存在互补关系,这就好比你有一个想法,我有一个想法,两个人交流之后,每个人有了两种甚至碰撞出更多的好想法,实现了1＋1>2的效果。团队成员互补可以增加团队的创造力和创新能力,并提高团队的办事效率。在组建团队时,应该注意成员的能力互补问题。

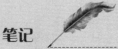

笔记

(3) 执行力原则：团队成员应具备高度的执行力和执行能力，能够将想法和计划付诸行动，并持续地推动项目的进展。团队成员应保持活力与热情，缺乏执行力的成员会拖慢整个团队的节奏，当然，这也需要团队管理者不断激励成员，使其保持活力与执行力。

(4) 创造力原则：团队成员应具备一定的创造力和创新能力，能够提出新的想法和解决问题的方法。创造力使团队具有独特的竞争优势，并推动业务的创新和发展。

(5) 团队协作原则：团队成员应具备良好的沟通和协作能力，能够有效地与团队其他成员合作，共同解决问题。良好的团队协作可以极大地提高团队的工作效率，并取得较好的成果。

(6) 共同愿景原则：团队成员应有共同的愿景，团结共进，相互支持，相互鼓励，共同成长，形成良好的团队合作氛围。

二、ERP 沙盘团队组建

ERP 沙盘的每个团队中，每位学生都会担任重要职位，包括总经理、财务总监、营销总监、生产总监和采购总监等。在经营过程中，团队的合作是必不可少的。各个团队在组建时应注意以下事项。

视频：ERP 沙盘团队组建原则

(一) 明确的共同目标

团队之所以称之为团队，就是因为有明确的共同目标。这个共同目标可以使团队的成员心往一处想，劲往一处使，能够激发每个团队成员的积极性，使队员行动一致。这个目标应该是具体的、可衡量的、具有可行性的。根据目标管理原理，这些具体的目标和总体目标要紧密结合，并要根据情况随时修正。比如团队确立了自己未来发展的总目标，还要安排每一年和每一季度具体如何运营，并确立每个部门、每个岗位的分目标。但是，目标也不是一成不变的，因为企业所处的竞争环境是变化的，目标也应该随着动态变化的情况进行灵活、适当的调整。

(二) 团队成员能力互补

团队成员之间必须实现能力互补，比如总经理应该具备较强的组织能力、协调能力、沟通能力等；财务总监一定要具备相应的财务知识；采购总监应该比较细心，当订购原材料的时候，在采购的种类、数量、提前期等细节中绝对不能出任何差错；生产总监要具备良好的统筹规划能力及沟通能力，提前与采购总监沟通好原材料需求量，保证所有生产线正常开产。

(三) 领导是团队的核心

小问题：我们都看过电视剧《西游记》，唐僧师徒四人去西天取经，现在玉皇大帝说这个机构过于臃肿，要裁员，你认为应当裁掉谁呢？可以说说你的原因。可不可以裁掉唐僧呢？

笔记

领导是一个团队的核心,是凝聚一个团队的关键所在,决定着一个团队的成败。在企业经营过程中往往需要做出各种决策,这就需要总经理能够统领全局,协调各部门之间的关系,在适当时机作出正确的决策。另外,一个团队应该有不同见解,甚至应当鼓励团队成员将不同见解摆到桌面上,通过讨论和合理决策将其加以解决。当然,这个过程也必须由团队领导这个核心来把控和协调,防止组织成员之间因为各持己见产生矛盾和分歧。

(四) 成员各司其职

每位团队成员都应该根据自己的岗位职责来工作,并且在自己的工作领域内不断学习、不断提高能力,把自己的工作做好。比如采购总监要与生产总监沟通,认真做好原材料的采购,如果出现差错,就会导致生产线因为没有原材料而闲置,没有产品又会影响正常交单。每个岗位都很重要,团队成员应该各司其职。

笔记

任务二　明确职能和人员分工

在各个团队组建后，模拟企业就成立了。各模拟企业成立后，首先要明确企业架构、岗位设置及各岗位人员的职责。一般情况下，根据班级人数进行分组，每组 5～7 名学生，每位学生承担一个岗位，岗位包括：总经理、生产总监、营销总监、财务(会计)总监、采购总监等。如果企业人数超过 5 人，可以将财务和会计岗位分开；也可以给某些重要岗位设置助理，如总经理助理；还可以设置专门的信息总监岗位，负责调研竞争者信息、市场需求信息等。

视频：团队职能及分工

各模拟企业要根据每位组织成员的个人特质进行合理分工，分工后每位组织成员都必须根据岗位说明书明确各自的职责，各司其职，团结协作。另外，为了培养学生全局观及全面发展的能力，可以在几轮的经营过程中让学生在不同岗位上进行轮岗，从而从不同角度去了解企业的经营过程，进而形成全局观。

一、总经理岗位职责

总经理是一家公司的最高管理者，代表企业的最高战略决策层，负责整个公司的经营，是公司运营中的灵魂人物。在实际工作中，总经理的职责和职能与公司规模和性质有关，但是通常情况下，首席执行官负责制定和执行公司的战略，监督和协调公司的财务和日常运营，与董事会和其他高层管理人员保持沟通，并确保公司利益最大化。

总经理的职责和职能具体包括以下几个方面。

(1) 制定公司战略：总经理负责制订公司长期战略规划，并根据长期战略规划制订短期计划，以确保公司的业务方向与市场发展趋势相适应。当然，还要注意根据变化了的市场环境及时调整计划。另外，总经理要确保公司的战略与公司的愿景、使命和价值观保持一致，并被组织成员认可。

(2) 管理公司运营：总经理负责公司的运营管理，包括生产、采购、物流、销售、售后服务等各个环节的管理和协调，同时确保公司在符合法律和行业规范的前提下合法运营。

(3) 保持公司盈利能力：总经理需要保持公司的盈利能力，包括对财务分析、资本结构、财务记录和会计系统的监督管理。另外，若公司持续盈利，可以确保公司的股东获得良好的回报。

(4) 强化团队管理：总经理要确保公司的团队管理和协调，包括招聘、晋升、选拔、培训和解雇员工。除此之外，总经理还要组织和鼓励团队协作，确保团队和谐，目标一致，让每位成员都能够为组织发展做出贡献。

(5) 做好保密工作：公司有很多数据涉及商业机密，包括网络安全、数据隐私和财务保护。总经理掌握大量商业机密，必须做好保密工作，以防止信息泄露，避免公司遭受潜在的威胁和损失。

总之，身为最高管理层，总经理的职责和职能非常广泛，需要具备多方面的知识、经验和技能。比如，总经理应该具备出色的战略和商业思维能力，以及强大的领导和沟通能力。同时需要具备高度的专业素养和创新精神，以适应不断发展的商业环境。通过充分发挥自身的优势，总经理可以带领公司走向成功。

延伸阅读

总经理岗位说明

岗位名称	公司总经理	所属部门	总经办	岗位定员	1
岗位编码	MX-06-0010	部门编码	ZB-006	薪酬等级	A1
直接上级	董事长	直接下级	（略）	下级人数	（略）
工作综述	拟订公司的发展目标和战略措施，并执行公司发展规划和年度经营目标					
工作职责	(1) 拟订公司的发展目标和战略措施，并执行公司发展规划和年度经营目标 (2) 负责组织建立公司管理体系，包括制度、流程和相关管理规范 (3) 负责项目策划、营运全案工作，参与制定和实施公司项目企划方案、营销管理、营运管理、对外招商等工作，对平台项目的经济指标、营销推广及营运效果负责 (4) 负责把控公司各项预算及费用 (5) 负责督促和协调各个职能部门的工作 (6) 负责维护公司内外部关系，建立、管理与各业态合作商户的良好关系，协调与各供应商、政府、媒体、社区等相关部门的公关合作 (7) 负责产业链资源整合、商务合作洽谈、平台建设和系统开发 (8) 完成董事长交办的其他工作					
协作关系	内部：公司各部门 外部：相关部门					
岗位要求	(1) 学历要求：建筑工程、电子商务、工商管理、市场营销或金融专业本科学历以上 (2) 工作经验：5年以上建筑维修、移动互联网、电子商务及O2O行业高管管理经验，有团队拓展和培训经验，两年以上总经理/总裁同等岗位管理工作经验 (3) 知识技能：具备丰富的商业管理、营销管理、物流管理、招商管理等知识，以及一定的财务及人力专业知识；熟悉建筑维修、建材配件、五金交电行业的相关标准及工作流程，熟悉行业整体发展现状，并具有一定的前瞻性和创新意识；具有国内外融资并购、公司上市、资本运作、资产管理等工作经验和管理能力的优先考虑 (4) 语言能力：出色的英语听说读写能力，英语6级以上，能够陪同董事长出国进行商务谈判；拟定商务条款和协议 (5) 其他能力：具备良好的职业道德和人品，责任心及保密意识强，具有良好的沟通表达和协调能力，思路清晰、做事果断，具有良好的判断力、危机事件管理与决策能力，能够承受工作压力，并迅速掌握与公司业务有关的各种知识					

续表

笔记

	工作知识	较深厚的专业知识，了解行业情况
	工作技能	熟练操作计算机办公软件
	学历要求	全日制大专以上学历
任职资格	素质能力	(1) 具有较强的沟通协调能力及语言表达能力 (2) 具有较强执行能力、保密意识 (3) 抗压能力强，思维活跃，创新能力、组织能力良好 (4) 具有较强突发事件处理能力 (5) 具有较强的团队协作能力
	个性品质	对公司忠诚，具有良好的保密意识
	工作经验	三年以上工作经验
	行业经验	有一年以上同行业经验者优先
	语言要求	普通话标准
	职称证书	专业相关证书
	身体要求	身体健康
业绩指标	略(根据公司实际补充)	
职业发展	岗位晋升方向(根据实际补充)	
职业发展	可转换的职位(根据实际补充)	
工作环境	办公室、室外	
工作时间	每天 8 小时，每周 5 天	
使用工具	计算机及其他工作所需的工具	
KPI 指标	(1) 工作业绩指标 (2) 工作素质指标 (3) 胜任能力指标 (4) 工作态度指标 (5) 其他类型指标	

二、生产总监岗位职责

在企业中，生产总监是负责组织和管理生产部门的高级管理职位。生产总监负责生产计划制订、生产流程管理、质量控制和人员管理等。下面详细介绍生产总监的岗位职责。

(一) 生产计划制订

(1) 分析市场需求、市场竞争情况和销售预测等，制订企业生产计划和产能规划，保证订单能按时交货。

(2) 协调与其他部门(如销售、采购和物流部门)的沟通，要提前与销售总监沟通产能，确保产品及时出售，企业实现成品零库存；与采购总监沟通，确定原材采购品种及数量，在合理的时间进行原材料采购，确保原材料零库存，以此来确保生产计划的顺利执行。

(3) 监控生产进度和产能利用率，尽量不让生产线空闲，因为生产线建成后根据规则会产生维修费等费用，生产线空闲实际就是资源的浪费。另外，应该及时调整生产计划，增加或减少生产线，或者调整生产线类型，以满足市场需求。

（二）生产流程管理

(1) 设计和优化生产流程，提高生产效率和质量。

(2) 及时更新生产设备，增加产能。确定生产设备和工艺参数，保障生产工艺的稳定性和可靠性。

(3) 监督生产现场的安全、卫生和环境保护工作，确保生产过程的安全性和合规性。

（三）质量控制

(1) 制定质量管理体系和标准操作规程，确保产品质量符合要求。

(2) 监督生产过程中的质量控制措施，进行产品抽样检验和质量评估。

(3) 分析质量问题和不良品情况，提出改进措施，降低质量风险。

（四）生产人员管理

(1) 领导和管理生产团队，制定团队目标和绩效考核体系。

(2) 招聘、培训和发展生产人员，提高团队的专业能力和素质。

(3) 协调生产人员的工作安排和生产任务分配，确保生产进度和产品质量。

（五）成本控制

(1) 管理生产成本，制订成本控制措施和预算计划。

(2) 分析生产过程中的成本结构，寻找降低成本和提高效益的机会。

(3) 监控生产成本的实际执行情况，及时采取措施控制和调整。

（六）供应链管理

(1) 协调与供应商和物流合作伙伴的合作关系，确保原材料的及时供应。

(2) 管理物料库存和库存控制措施，避免物料短缺和过剩。

(3) 与采购部门协调工作，优化采购计划和采购成本。

总之，生产总监在生产计划制订、生产流程管理、质量控制和人员管理等方面发挥重要作用。他们需要具备生产管理的专业知识和技能，善于管理团队和沟通协调，能够有效地组织和管理生产流程，提高生产效率及产品质量。

笔记

延伸阅读

生产总监岗位说明

岗位名称	生产总监	岗位编号	
所在部门	生产部	岗位定员	1 人
直接上级	总经理	所辖人员	
直接下级	备料、前道、后道、门套、实木门、封闭漆、开放漆、精加工、打磨等工序相关人员，仓库人员，机修人员，电工，统计人员		
工作职责	本职工作描述：负责生产部的全面生产管理工作，对生产过程、生产进度、生产成本、产品质量、安全生产和人员管理进行跟进、控制、监督与协调，确保生产处于受控状态，确保生产有序进行		
岗位职责	(1) 编制生产部生产计划，掌握生产进度，协调各车间均衡生产，确保满足客户对产品交货期的要求 (2) 全面主持本部门的工作，组织并督促本部门人员按时完成生产任务 (3) 负责对生产过程的监督和检查，确保生产过程处于受控状态，对生产过程的正确性和有序性负责 (4) 负责对产品质量的控制与跟进，确保满足客户对产品的质量要求 (5) 负责对本部门生产成本的控制，对生产所用原辅材料、设备、能源的利用进行监督，对生产资源的综合利用负责 (6) 负责组织在生产部推行和维护 6S、ISO 活动 (7) 对设备的安全使用和维护保养负责，对生产部的安全生产负责 (8) 负责计划与组织对生产部管理人员、一线生产人员的业务指导和培训，并组织定期检查、考核和评比 (9) 对生产部员工的工作质量、工作纪律等负责 (10) 负责解决生产过程中的瓶颈问题和突发问题，并制定预防与纠正措施，对生产工艺流程提出改进建议 (11) 主持制(修)订各项管理制度和劳动定额、计件工资单价标准，并提交报批稿 (12) 采用各种形式推行公司文化，提高员工综合素质，调动员工生产积极性，提高员工质量意识、安全文明生产意识和操作技术水平 (13) 完成总经理交办的其他工作		

	工作内容	天	周	月	季度	半年	年
定期工作内容	(1) 根据生产部月度生产计划制订周计划和日计划，依据生产计划下达生产指令，按时完成生产及出货计划	√					
	(2) 掌控各车间生产状况，解决生产突发性问题	√					
	(3) 监控生产制程的状况，尽量使各生产线的流程合理化、高效化、安全化	√					
	(4) 监督各车间 6S 工作的执行与维护情况	√					
	(5) 落实车间的财产、人身、防火安全工作，确保生产正常进行	√					
	(6) 协助行政人事部对人员的绩效考评			√			
	(7) 参加上级组织召开的相关工作会议		√				
	(8) 组织召开本部门每周工作例会		√				
	(9) 月度工作总结			√			
	(10) 年度工作总结						√
	(11) 向上级领导述职				√		

笔记

续表

	KPI 指标	计算方法	界定	数据来源部门
KPI 指标	(1) 产品合格率≥95%	检验合格批数÷检验总批数×100%	参照质量检验标准界定	品质部
	(2) 交期达成率≥95%	月度实际交期达成批数÷月度总生产批数×100%	以原辅材料采购到位之日为准	销售部
	(3) 半成品返工率≤5%	某型号部件返工数量÷某型号部件总数×100%	实际半成品返工数	品质部
	(4) 每季度 10 级工伤≤0.5%	每月工伤事故人数÷员工总数×100%	按照工伤事故评定标准来界定	行政人事部
	(5) 材料利用率≥95%	合格产品中包含的材料数÷实际领用材料数×100%	实际材料发放数	统计

工作权限	(1) 有权按生产计划安排、组织、指挥、协调生产工作
	(2) 有对生产工艺进行革新的建议权
	(3) 有安排生产的计划权
	(4) 有对下属人员工资定位的建议权和审核权
	(5) 有对各车间人员统一调配和协调的权力
	(6) 有辞退、开除本部门人员的建议权、审批权
	(7) 有对直接下级和必要时对间接下级的工作指挥权
	(8) 对直接下级人员的调配、奖惩有建议权,任免有提名权,考核有评价权
	(9) 对所属下级的工作有监督、检查权
	(10) 对所属下级的工作争议有裁决权
	(11) 本部门预算内的费用使用权
	(12) 公司文件赋予的其他权限

| 工作关系 | (1) 内部协调关系:销售部、技术部、品质部、财务部、行政人事部 |
| | (2) 外部协调关系:外协厂、客户 |

任职资格要求	年龄	28~50 岁	性别	不限	职业资格	(略)
	学历	大专或以上	专业	(略)	性格描述	中性或外向
	语言要求	普通话流利				
	专业知识	有家具或木制品制造知识优先				
	工作经验	10 年以上木制品行业生产管理工作经验,5 年以上木门行业同等职位经验				

任职资格要求	能力描述	(1) 通用能力:优秀的领导能力,优秀的判断与决策能力,优秀的人际交往能力与沟通协调能力,良好的影响力、计划力与执行能力 (2) 专业能力:精通各类木制品的生产工艺流程和产品结构,具备良好的生产流程优化能力和安全生产管理能力,对木工机械的性能和安全操作方面有较高的认识,有较强的生产管理、质量管理、人员管理、成本管理和设备管理能力,具备现代经营管理理念
	其他技能	掌握一般的电脑知识,能够熟练使用办公软件
	其他要求	

三、营销总监岗位职责

产品生产完工后，会进入仓库等待出售，营销总监负责企业产品的市场分析和销售，因此营销总监是一个极其重要的岗位。营销总监的主要岗位职责如下。

(一) 制定全年、季度、月度营销策略、计划和预算

(1) 根据市场需求和公司发展需要，制定并实现年度、季度、月度销售计划，配合公司经营战略实现公司销售目标。

(2) 调查了解公司的产品需求和市场情况，分析竞争对手的优势和劣势，提出相应的市场营销策略。

(3) 对公司各渠道营销推广情况进行管理和控制，及时调整营销策略。

(4) 对销售计划进行跟踪、分析和评估，及时发现问题，调整计划，并提出可行性建议。

(二) 营销推广资源的整体策划和管理

(1) 制定综合营销推广计划以及各渠道营销策略，把握市场方向，进一步提升公司品牌影响力和市场占有率。

(2) 开拓新的市场渠道。根据规则，市场类型主要有本地市场、区域市场、国内市场、亚洲市场、国际市场5个市场。营销总监需要开拓市场，提高市场覆盖率。

(3) 通过市场调研、对竞争对手和市场环境进行分析等手段，提高营销方案的可行性和营销推广效果。

(三) 组织部署市场调研、信息分析和管理工作

(1) 通过开展市场调研、信息分析等手段收集市场信息，了解市场动态，为制定营销策略提供数据支撑。信息应当是及时的第一手信息。

(2) 对市场变化和竞争对手的动向进行全面分析，及时制定和实施应对措施，提高市场占有率和市场份额。

(3) 妥善管理和利用公司现有客户和渠道资源，提高客户和渠道忠诚度，增强市场竞争力。

(四) 制定营销政策和销售制度

根据不同市场需求和客户需求，制定合适的销售政策和销售制度，提高市场竞争力。在沙盘经营过程中，需要根据市场预测结果(如每个市场在不同阶段的需求量信息)投放适当的广告，以确保拿到订单，销售产品，提高市场份额。

(五) 管理市场营销预算及成本控制

(1) 制定公司市场营销预算，合理分配和利用公司资源，达成预算目标，提高市场占有率和市场份额。

(2) 对市场营销成本进行严格管控,把握市场营销成本控制分析方法和技巧,提高营销成本效益。为在竞争激烈的市场环境中拿到更大的市场份额,广告的投放必不可少,但不宜盲目多投,以免造成营销成本的增加。

(3) 及时对市场营销准确的成本进行分析,及时对预算进行调整、优化。

四、财务(会计)总监岗位职责

公司财务总监是公司理财的一把手,那么财务的岗位职责都有哪些呢?在日常工作中,企业财务总监和会计的职责有很大差异,但在 ERP 沙盘模拟中,通常由一人担任,也可以根据分组人数灵活调整。

(一) 组织企业财务预算的编制、日常检查等工作

在现代企业管理中,管理者越来越认识到预算管理在企业管理中的重要性,财务管理主要围绕财务预算进行。财务总监作为财务管理方面的最高组织者,组织企业财务预算的编制是天经地义的事。当然,预算编制只是财务管理的开头,关键在于执行。为使执行不偏离原定规划,在执行过程中时刻进行预算的日常检查必不可少,只有这样,才能真正做到事前有规划,事中有管理,事后有分析。预算管理是财务总监必须完成的一件事。

(二) 日常记账、填制报表

财务人员需要做好日常记账、登账工作,在 ERP 沙盘经营过程中,财务人员需要清晰记录每一笔资金流动,这样才能保证年底报表填制的准确性。每年年末,财务人员需要制作本年度的经营报表,包括综合费用表、利润表、资产负债表。

(三) 进行企业纳税筹划

依法纳税是每个企业应承担的法定义务,对每个企业来说都是一件非常光荣的事。在 ERP 模拟企业经营的过程中,企业的税前利润可以先弥补以前年度的亏损,弥补后剩余的部分需要缴纳企业所得税。企业要做到既依法纳税,又进行业务调节、纳税筹划,在遵守国家法规的基础上,合理调节企业税负,调节资金流动,这是企业财务总监的工作之一。

(四) 为企业发展融资

在企业生产经营过程中,资金的需求量是随着生产经营的变化而不断变化的。出于种种原因,企业不可能准备一个随时支取的资金百宝箱,很少有投资者能随时拿出企业经营需要的全部资金,绝大多数企业需要通过资本市场、金融市场、经营市场去筹措企业经营所需的资金,筹措企业生产经营、投资发展所需的资金是财务总监的重要工作之一。在 ERP 沙盘中,财务总监可通过长期贷款、短期贷款、贴现、库存拍卖等手段为企业发展融资。

笔记

(五) 组织企业成本管理，压缩企业成本

在现代经济社会中，市场上产品种类丰富，但同质化严重，绝大部分商品在市场上都能找到相同或相似的替代品，这种情况下，产品的质量和成本就显得十分重要。在激烈的市场竞争中，成本在很大程度上决定了企业盈利水平，决定了企业命运，成本控制是企业财务管理的重点，也是企业财务总监工作的重点之一。组织企业进行成本核算、进行成本管理和压缩企业支出，成为财务总监必须做好的一件事。

五、采购总监岗位职责

采购管理是企业经营过程中至关重要的环节之一，采购总监主要负责采购所需的原材料、设备和服务等，采购价格的高低直接影响企业的成本和竞争力。因此，采购总监的职责也很重要，在ERP沙盘模拟企业经营的过程中，每个组都应该设立一位采购总监。

(一) 制订采购计划

采购总监需要根据企业的生产计划、销售计划、库存状态及财务预算等，制订全年、季度及每月的采购计划，包括采购数量、价格、到货提前期及供应商选择等。采购计划需要考虑企业的实际情况和市场变化，确保采购的物品质量、价格、到货期和数量符合要求。根据ERP沙盘模拟的规则，原材料价格是稳定的，所以基本上只需要考虑原材料的采购数量及到货提前期即可。

(二) 制定采购合同

采购总监需要与供应商进行谈判，制定采购合同。采购合同需要明确物品的品种、数量、质量标准、交货期限、价格、付款方式等内容，并注明违约责任和解决纠纷的方式。采购总监需要根据企业的实际情况和市场价格，降低采购成本，确保采购合同的合理性和公正性。

企业所需的原材料每个季度都可以下订单采购，但是不同原材料的到货提前期不同，有的一季能到货，有的则需要两季，所以，采购总监一定要按照采购计划去制定采购合同，以保证生产正常进行。

(三) 与其他业务部门协作

原材料采购最终服务于企业生产，所以，采购总监应该先与生产部门进行沟通，根据生产计划编制采购计划。另外，如果生产计划发生变化，应第一时间修改采购计划，避免原材料浪费。

采购总监在制订采购计划后应当及时与财务部门进行沟通，以确定原材料采购预算，防止出现原材料到货却没有资金支付的情况。

(四) 跟踪采购进度

采购总监需要及时了解采购物品的运输情况和到货时间等信息，确保采购进度符合计划。如果发现问题，采购总监要及时与供应商联系，协商解决方案，避免影响企业的正常运营。若遇特殊情况，也可以进行紧急采购，但会导致成本的增加。

(五) 管理采购库存

采购总监要注重采购库存管理，统计和分析采购物品的库存情况，及时处理库存过多或过少的问题，避免资金浪费和生产停滞。采购总监要根据企业的实际情况和市场变化，合理调整采购库存，确保库存达到最佳状态——零库存。

笔记

项目三 认知规则

知识目标
- 掌握筹资规则。
- 掌握产品规则和ISO认证规则。
- 掌握生产管理规则和营销规则。
- 了解其他规则。

职业技能目标
- 不同岗位能进行有效沟通。
- 能完成市场分析、竞争状况分析等。
- 能在电子沙盘中开展合作。

素养目标
- 提升认知企业的管理技能。
- 培养市场竞争意识。
- 培养风险防范意识。

知识导图

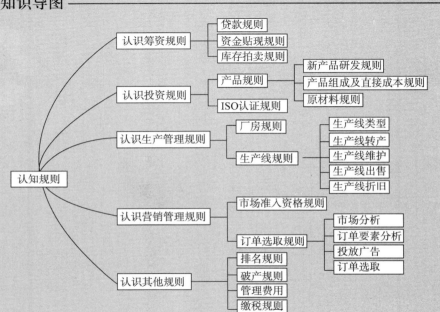

课程导入

明清时期，晋商从盐业、茶叶、票号等行业获取巨额利润，富豪云集，以资产雄厚、善于经商而享誉海内外，雄踞十大商帮之首，盛极一时。晋商是怎样创造出如此辉煌的业绩的呢？秘诀就是"诚信经营"。

比如山西太谷"广誉远"药店生产的"龟龄集""定坤丹"等药，名扬海外，长盛不衰，其中内在的原因就在于，他们配药时精心选购原料，使药效能够得到良好的保证。在选购人参时，一定要高丽参或老山参，挑选鹿茸时，则一定要黄毛茸、青茸。药质量上乘，自然受到顾客的喜欢和信赖，所以在那个年代，"广誉远"生产的药根本不用打广告就远近闻名，产生了很好的品牌效应。

商道酬信，弄虚作假只能获一时之利，很难获一世之功。但凡成功的商人或企业，都把诚信当作最重要的商业信条。你想把自己的企业做大做强吗？让我们本着诚信经营的原则，开始了解企业经营规则吧！

任务一 认知筹资规则

知识准备

资金是企业进行一切经营活动的基础。资金流对于企业就像是血液对于我们的人体一样重要。人体血液一旦断流,人将无法存活;企业也是这样,企业的资金流一旦断流,将面临破产,无法继续经营。因此,在模拟企业经营时,应通过筹资渠道给企业筹资,保证企业资金流不断流,确保生产经营的连续性。在 ERP 沙盘模拟企业经营中,筹资渠道主要有长期贷款、短期贷款、资金贴现和库存拍卖,规则如表 3-1 所示。

表 3-1 筹资规则

贷款类型	贷款时间	贷款额度	年息	还款方式
长期贷款	每年年初	所有长贷和短贷之和不能超过上年权益的 3 倍	10%	年初付息,到期还本;每次贷款额不少于 10 万元
短期贷款	每季度初		5%	到期一次还本付息;每次贷款额不少于 10 万元
资金贴现	任何时间	视应收款额而定	10%(1 季,2 季),12.5%(3 季,4 季)	各账期贴现分别核算,分别计息
库存拍卖		成品按成本价的 100%售出,原材料按成本价的 80%售出		

一、贷款规则

在 ERP 沙盘模拟中,贷款方式可以分为长期贷款与短期贷款两种方式,应遵循以下规则。

(一) 企业申请贷款有总额度的限制

一般而言,企业申请贷款总额度与企业经营的所有者权益直接相关。无论企业选择长期贷款方式,还是短期贷款方式,两种贷款的总和不能超过上一年所有者权益的 3 倍。

例如,第一年股东注资 600 万元,企业的所有者权益为 600 万元,那么,第一年企业能够申请的贷款总额是 600×3=1800(万元)。

但是第一年一般为投资建设期,没有订单也没有产品出售,所以第一年企业没有营业收入,导致所有者权益在第一年经营结束后会降低。假设第一年经营结束后,年末报表体现企业所有者权益为 350 万元,并且企业第一年已经申请了 400 万元的短期贷款,那么,

笔记

第二年企业能贷款的额度就是第一年所有者权益的 3 倍再减去已经贷出的额度，即 350×3－400＝650(万元)。也就是说，第二年企业可以贷款的额度为 650 万元。

另外，企业的可贷款额度与上一年的所有者权益相关，与本年度经营所致的权益增减无关。

(二) 长期贷款的贷款时间的划分

长期贷款的贷款时间为每年年初，可贷款的期限为 2~5 年；短期贷款的贷款时间为每季度初，贷款时间为一年。

另外，长期贷款和短期贷款的申请额都不能少于 10 万元。

(三) 长期贷款年息

长期贷款年息为 10%，贷款后当年不支付利息，第二年开始每年年初付利息，到期一次性偿还本金。假设在第一年初，企业申请了 1000 万元的 5 年期长期贷款，那么，第一年企业不需要支付利息，从第二年开始，每年年初要支付 100 万元的利息，到第 6 年年初，支付最后一笔利息及本金 1000 万元。

(四) 短期贷款年息

短期贷款年息为 5%，一年贷款到期时，一次性支付本金加利息。假设在第一年第三季度初，企业申请了 1000 万元的 1 年期短期贷款，在企业经营到第二年第三季度初时，需要支付短期贷款本金加利息共 1050 万元。

二、资金贴现规则

资金贴现指的是在企业出售产品后，没有收到现金，只有应收款。应收款一般分为 1 个账期、2 个账期、3 个账期和 4 个账期。如果企业现金充足，可以等到账期结束后，应收款自动入账。但是，如果经营过程中出现现金不足的情况，可以通过资金贴现的方式将尚未到期的应收款转成现金，规则具体如下。

(1) 只要企业有应收款，在经营过程中任何时候都可以进行资金贴现的操作。

(2) 在进行资金贴现操作时，系统会自动扣除贴息。其中 1 个账期、2 个账期的应收款，贴现率为 10%；3 个账期、4 个账期的应收款，贴现率为 12.5%。

例如，企业经营第三年第二季现金不足，对一笔账期为 2 季、金额为 500 万元的应收款进行贴现，按 10%扣除贴息后，企业实际入账 450 万元，50 万元作为贴息计入财务费用。

(3) 在资金贴现时，为降低资金使用成本，可对一笔应收款中的部分资金进行贴现，并不需要全额贴现。比如，经过资金预算得出现金缺口为 200 万元，那么针对 2 个账期的 500 万元应收款可以只贴现 200 万元，其余 300 万元仍然是 2 个账期的应收款，在到收款期时会自动到账。

(4) 贴息相同的应收款可进行联合贴现。比如，1 个账期和 2 个账期的应收款可以联合

贴现，3 个账期和 4 个账期的应收款可以联合贴现。

三、库存拍卖规则

当企业现金流无法正常周转时，也就是既无法贷款，也没有应收账款时，还可以采用最后一种办法，就是通过拍卖库存原材料或产成品进行筹资。但是，如果选择这种筹资方式，意味着下一步企业产品的生产和出售将面临困难，不到万不得已，不要采用这种方式进行筹资。库存拍卖规则具体如下。

（一）库存拍卖可以是系统交易，也可以是组间交易

如果是系统交易，在经营过程中的任何时间都可以进行库存拍卖，其中出售原材料可以拿到原价的 80%，产成品可以按照产品的直接成本出售。比如一个原材料 R1 成本价为 10 万元，进行库存拍卖操作后，可以得到现金 8 万元；一个产成品 P1 的直接成本为 20 万元，拍卖后可得到现金 20 万元。另外，在库存拍卖时，不同种类的原材料可以一起出售，合并计算价格。

如果是组间交易，在任何经营时间都可以进行。交易双方协商好交易价格、种类、数量后，在教师机终端进行组间交易，交易后现金从购买方流入出库方。但是，目前在正式比赛中不设立此项操作。交易价格由交易双方协商确定，但要注意的是，原材料交易价格不得低于其采购成本，也不得高于其采购成本的 2 倍。产成品的交易价格不得低于其直接成本，但不得高于其直接成本的 3 倍。

（二）库存拍卖的损失需要计入综合费用表末尾的"其他"项中

例如，拍卖库存 1 个 R1、2 个 R2，3 个原材料采购价格为 30 万元，拍卖所得为 24 万元，产生了 6 万元的损失，需要计入综合费用表的"其他"项。

测试：筹资规则测验

任务二 认知投资规则

企业投资是指企业投入财力，期望在未来获取收益的经营行为。ERP 沙盘模拟中的投资既包括有形资产(如厂房、生产线等)的投资，也包括无形资产(如产品生产资格、市场准入资格、ISO 产品国际质量体系认证资格等)的投资；既包括对内的投资(管理费用、员工计件工资等)，也包括对外的投资(如广告费等)。这里重点讲解产品规则、ISO 质量体系认证规则。

一、产品规则

企业生产的是 P 系列产品，共有 P1、P2、P3、P4 等 4 种产品类型，具体规则如表 3-2 所示。

表 3-2 产品规则

产品名称	开发费用/(万元/季)	开发周期/季	加工费/(万元/个)	直接成本/(万元/个)	产品的原材料组成
P1	10	2	10	20	R1
P2	10	3	10	30	R2+R3
P3	10	4	10	50	R1+R3+R4+R4
P4	10	5	10	60	R1+R2+R3+R4+R4

(一) 新产品研发规则

产品在生产前必须先进行产品研发，以获得产品生产资格，没有生产资格将无法进行生产，这一点很重要。4 种产品可同时进行研发，研发费用按期支付，不得提前也不得加速研发。每季投资额为 10 万元。假设 4 种产品都从第一季度开始研发，研发进度如表 3-3 所示。

表 3-3 产品研发

	第一年第一季度	第一年第二季度	第一年第三季度	第一年第四季度	第二年第一季度	第二年第二季度
P1	10 万元	10 万元	获得生产资格			
P2	10 万元	10 万元	10 万元	获得生产资格		
P3	10 万元	10 万元	10 万元	10 万元	获得生产资格	
P4	10 万元	10 万元	10 万元	10 万元	10 万元	获得生产资格

笔记

> 注意：研发可以中断，系统不会自动扣除研发费用。中断后，仍然需要继续研发，直到研发周期满足要求后才能获得生产资格，下季度才可生产该产品。

(二) 产品组成及直接成本规则

生产过程中，不同产品需要用到不同的原材料。具体的产品组成及直接成本规则如表3-4 所示。

表 3-4 产品组成及直接成本规则

产品名称	产品的原材料组成	加工费/万元	原材料/万元	直接成本/万元
P1	R1	10	10	20
P2	R2+R3	10	20	30
P3	R1+R3+2R4	10	40	50
P4	R1+R2+R3+2R4	10	50	60

产品的直接成本等于加工费加上原材料成本，每个产品的加工费都是 10 万元，加工费与选用的生产线种类无关。

(三) 原材料规则

产品进行生产之前都必须先采购原材料，企业生产过程中用到的原材料有 R1、R2、R3 和 R4。所有原材料采购必须先下订单，在到货期满后，原材料入库。原材料均为货到付款，下订单时不需要支付货款，到货时以现金支付货款，此部分资金必须做好预算，提前预留，以防原材料到货无法支付货款，导致破产。具体的原材料采购规则如表 3-5 所示。

表 3-5 原材料采购规则

原材料	价格/万元	采购提前期/季
R1	10	1
R2	10	1
R3	10	2
R4	10	2

R1、R2 采购提前期都是一个季度，也就是在途运输时间为一季，比如，第二年第一季度生产 P1，要用到 1 个 R1，就需要在第一年第四季度下订单进行原材料采购。

R3、R4 采购提前期是两个季度，所以需要根据生产计划提前做好采购计划。比如，第二年第一季度生产一个 P2，要用到 1 个 R2 和 1 个 R3，就需要在第一年第四季度下 1 个 R2 原材料订单，第一年第三季度下 1 个 R3 原材料订单，R2 和 R3 原材料统一在第二年第一季度到货，到货即可上线生产，实现了管理原材料零库存的目的。

另外，原材料不足，但又急于开始生产时，可以紧急采购原材料，但是要支付原材料原价的 2 倍，多付的 10 万元以损失形式计入综合费用表的"其他"项。所以，原材料采购计划一定要提前做好，否则会导致费用的增加。

笔记

二、ISO 认证规则

现代社会，消费者的质量意识和环境意识越来越强，要求也更高。市场上同类产品琳琅满目，消费者如何判断哪种产品质量更有保证呢？大多数时候，可以通过该产品是否获得了 ISO 国际认证资格来判断。在 ERP 沙盘模拟企业经营中，有部分订单会要求接单企业获得了 ISO 国际认证资格。ISO 国际质量体系为 ISO9000，环境认证为 ISO14000。具体规则如表 3-6 所示。

表 3-6 ISO 认证规则

认证	ISO9000	ISO14000
时间	2 年	2 年
费用	10 万元/年	15 万元/年

ISO9000 和 ISO14000 开发时间都是 2 年。ISO9000 的开发费用为每年 10 万元，ISO14000 的开发费用为每年 15 万元。在两年分别投入了相应的资金后，企业便取得了相应的认证资格。该投资可以中断，但不能加速，必须等到开发时间满两年后才可获得相应资格。

注意：认证资格一旦获得便可长期使用。另外，如果订单有 ISO9000 和 ISO14000 的认证要求，但是企业没有相应的资质，那么一定不能选取该订单，否则需要承担违约责任。

测试：投资规则测验

任务三　认知生产管理规则

企业的生产管理主要针对有形资产进行，在 ERP 沙盘中一般有厂房和生产线。

一、厂房规则

厂房是企业在生产经营过程中放置生产线的地方，如果厂房容量已达上限，则系统不允许购置生产线。系统中有四块空地可用于新建厂房，但是不同厂房的容纳量不同，价格也不一样，所以在新建厂房的时候一定要考虑企业的长远发展。切忌目光短浅，全部选用便宜的厂房，导致未来限制企业规模的扩大。具体的厂房规则如表 3-7 所示。

表 3-7　厂房规则

厂房	买价/万元	租金/(万元/年)	售价/万元	容量/条	分值
大厂房	420	42	420	4	12
中厂房	300	30	300	3	9
小厂房	200	20	200	2	6

(1) 企业可选择的厂房类型有大厂房、中厂房和小厂房三种类型。厂房可以购买，也可以租赁。但是，只有购买才能获得相应的分值。

(2) 企业在每个季度都有一次新建厂房的机会，新建厂房时如果资金不足，可以先租赁，经营后期再做租转买的处理，但一定要注意，必须在系统扣除租金之前对厂房进行租转买。比如，第一年第一季度租了一个大厂房，第三年要做租转买处理的话，就必须在第一季度进行，否则，第三年第一季度末系统会自动扣除厂房租金 42 万元，默认该厂房续租一年。

当然，企业也可以直接购买厂房，经营后期，如果资金链出现问题，也可以做买转租的操作。

(3) 企业如果购买了厂房，随时都可以出售该厂房。但要注意，如果要出售厂房，厂房内不得有生产线。如果有生产线，就只能做买转租的处理，支付厂房租金，不影响生产线的使用。出售价格与厂房购买价格相同，也就是说厂房是不计提折旧的。

(4) 新厂房建成后，便可在厂房内建立生产线。大厂房可容纳 4 条生产线，中厂房可容纳 3 条生产线，小厂房可容纳 2 条生产线。厂房的容纳量只与厂房大小有关，与生产线类型无关。

二、生产线规则

在 ERP 沙盘模拟中,生产线有手工线、租赁线、自动线、柔性线 4 种类型。不同的生产线价格不同,在生产周期、转产过程、设备维护等方面都存在差异,具体规则如表 3-8 所示。

表 3-8 生产线规则

生产线	投资总额/万元	每季投资额/万元	安装周期/季	生产周期/季	总转产费/万元	转产周期/季	维修费/(万元/年)	残值/万元	折旧费/万元	折旧年限/年	分值
手工线	35	35	0	2	0	0	5	5	7	5	0
租赁线	0	0	0	1	20	1	75	-100	0	5	0
自动线	150	50	3	1	20	1	20	30	30	5	10
柔性线	200	50	4	1	0	0	20	40	40	5	10

(一) 生产线类型

(1) 手工线。手工线主要依靠手工操作,技术含量低,无法实现规模化生产。但它的优点是价格低,投资总额仅 35 万元,而且灵活度高,安装周期为 0 个季度,意味着手工线可以即买即用,临时增加订单量的话,手工线是一个不错的选择。缺点是生产周期长,两个季度生产一个产品,一年最多可以生产两个产品,产能是其他生产线的 50%,生产效率低下。

(2) 租赁线。租赁线安装周期短,生产效率高,但灵活性略差。租赁线最主要的缺点就是维修费高,为每年 75 万元,租金太昂贵。另外,租赁线的残值为-100 万元,也就是说,如果退租,成本是相当高的。

(3) 自动线。自动线实现了机械化操作,生产效率高,一个季度就可以生产一个产品,是一种高效的先进生产线。但是,自动线的购置费用较高,总价为 150 万元,安装周期为三个季度,也就是在三个季度的安装周期内,每个安装周期平均投入 50 万元,三个季度的投资周期结束后,自动线建成。自动线投资建设期内可以中断投资,等到投资全部完成后,生产线才能建成投入生产使用。

自动线还有一个不足之处,就是灵活性不够,在同一条自动线上生产不同的产品时,需要有一个季度的转产周期及 20 万元的转产费用,会导致生产效率降低。但是,如果生产的产品品种单一或者非常稳定,那么自动线无疑是最佳选择。

(4) 柔性线。柔性线是一种非常灵活且效率高的生产线。在柔性线上生产不同类型的产品时,不需要转产周期及转产费用,灵活性很高。柔性线的生产周期为一个季度生产一个产品,生产效率很高。但是,柔性线投资总额高,安装周期长,总价为 200 万元,分四个季度安装完成。如果企业的产品组合是灵活的,那么可以考虑选用柔性线。

(二) 生产线转产

手工线和柔性线转产周期为 0 个季度,也就是即转即用,产品下线后,可以马上进行

笔记

生产线转产操作，生产其他类型的产品。但是租赁线和自动线需要一个季度的转产周期及 20 万元的转产费用。

例如，企业在第三年第二季度准备做产品转型，原来所有生产 P1 产品的生产线均转产，生产 P4 产品。如果原来用的是手工线和柔性线，那么第三年第二季度可以直接转产并开始生产；如果原来使用的生产线是租赁线和自动线，则需要等待一个季度，并每条线需要支付 20 万元的转产费用，也就是第三年第二季度做生产线转产，第三年第三季度开始生产产品。

(三) 生产线维护

生产线一旦建成，在使用过程中就需要进行维修与保养。无论是生产中的生产线还是停用的生产线，系统都会扣除维修费。手工线的维修费为每年 5 万元；自动线和柔性线的维修费一样，每年 20 万元；比较特殊的是租赁线的维护费，为每年 75 万元，在 ERP 沙盘中，这部分维修费相当于租赁线的租金，意味着由出租方负责设备的维护。

注意，在建中的生产线不需要缴纳设备维修费，建成后，建成的当年就要开始缴纳维修费。但是，如果出售了生产线，出售的当年无须再缴纳维修费。

(四) 生产线出售

一般出售生产线有以下几种情形。
(1) 当企业要出售厂房(且不做买转租的处理)时，必须先出售厂房内的生产线。
(2) 厂房容量已满，企业要提高产能时，可以出售手工线这类生产效率低的生产线，购置并安装其他生产效率较高的生产线。
(3) 当产能过剩，可以出售空闲的生产线。
(4) 资金周转不灵，可出售生产线换取现金流。

当出售生产线时，该生产线必须处于空闲状态，生产中或者安装中的生产线是无法出售的。另外，生产线不论何时出售，企业得到的都只有残值。

例如，企业第一年第一季度投资建设了一条柔性线，四个季度后安装完毕，于第二年第一季度投入生产使用。但是第二年第二季度企业资金周转不灵，决定出售该柔性线，该企业得到的只有 40 万元的残值。原值 200 万元与残值 40 万元之间的差额 160 万元以损失的形式计入综合管理费用的"其他"项。

(五) 生产线折旧

生产线作为固定资产，需要计提折旧。生产线建成的当年不计提折旧，建成的第二年开始计提折旧。ERP 沙盘模拟企业经营的生产线折旧规则如表 3-9 所示。

表 3-9 生产线折旧规则

生产线	原值/万元	残值/万元	折旧年限/年	建成第1年/万元	建成第2年/万元	建成第3年/万元	建成第4年/万元	建成第5年/万元	建成第6年/万元
手工线	35	5	5	0	6	6	6	6	6
自动线	150	30	5	0	24	24	24	24	24
柔性线	200	40	5	0	32	32	32	32	32

笔记

手工线、自动线和柔性线折旧年限为 5 年，采用平均年限折旧法进行折旧，建成第 1 年不计提折旧，第 2 年开始计提折旧，折旧到第 6 年结束。每年的折旧额计算公式为

$$每年的折旧额＝(原值-残值)/5$$

在第 6 年折旧结束后，生产线不再计提折旧，但只要继续支付设备维修费，生产线仍可继续使用。

测试：生产规则测验

笔记

任务四　认知营销管理规则

在现代激烈的市场竞争环境中，企业管理者必须嗅觉灵敏，及时对市场变化做出反应，因此只有建立以市场为导向的经营机制才能使企业立于不败之地，营销在企业经营与发展中的关键作用也不言自明。

对美国 250 家主要公司的调查结果显示，大多管理人员认为公司的首要任务是制定市场营销策略，其次是控制生产成本和改善人力资源结构。在《财富》五百强的大公司中，约有 2/3 的总经理是从营销经理岗位提拔的，公司的营销部门在公司中的地位很高，有很大的发言权。一般一个新项目或者产品，要先由营销部门进行分析，因为营销部门了解消费者需求的一手信息，然后才进入研发部门开始产品研发。就整个企业的运营过程来说，营销是起点，也是终点；企业经营活动始于市场调研，终于客户服务和满意度调查。

在 ERP 沙盘模拟企业经营中，企业需要通过对市场的调查(市场预测)，弄清楚客户需要什么样的产品，需要多少等基本市场信息，然后制定市场策略，指导生产、产品研发，最终实现顾客的价值和企业的效益。同时，企业经营活动对外也涉及供应商、竞争对手和顾客等各种关系，这就需要营销部门不断协调各种关系，为企业的营销活动创造支持条件。企业对这些内外部多种关系的处理，影响着企业对市场机会的把握程度，也影响着企业的营销竞争力和核心竞争力。

在现代市场经济条件下，企业必须十分重视市场营销。市场如战场，谁能把营销做得更好，谁就掌握了主动权，就能获得更大的市场份额。

一、市场准入资格规则

整个企业的运营过程中，企业经营活动始于市场调研。企业想要进入一个新的市场并在该市场销售产品，要先做好市场需求调研、竞争状况调研等一系列工作，然后开拓市场、销售产品。在 ERP 沙盘模拟中，有本地市场、区域市场、国内市场、亚洲市场和国际市场等 5 个市场。企业准备进入某市场营销产品前，只有获得该市场的准入资格，才可以进入该市场投放广告、选取订单、销售产品。具体规则如表 3-10 所示。

表 3-10　市场准入资格规则

市场	开发费/(万元/年)	时间/年	分值
本地	10	1	7
区域	10	1	7

笔记

续表

市场	开发费/(万元/年)	时间/年	分值
国内	10	2	8
亚洲	10	3	9
国际	10	4	10

5个市场可以同时进行准入资格开发。其中本地市场、区域市场的开发时间为一年，开发费为10万元，在第一年第四季度末进行支付，第二年年初企业便获得了本地市场、区域市场的准入资格，可以在这两个市场选取订单。不同市场的开发时间不同，但是开发费用也都是在每年的年末平均支付，可以中断投资，但不能加速投资，直到开发费用和开发时间全部满足规则要求后，次年才可获得市场的准入资格。表3-11列举了一个示例。

表3-11 市场准入资格开发示例

市场	第1年	第2年	第3年	第4年	第5年
本地市场	10万/元	获得资格			
区域市场	10万/元	获得资格			
国内市场	10万/元	10万/元	获得资格		
亚洲市场	10万/元	10万/元	10万/元	获得资格	
国际市场	10万/元	10万/元	10万/元	10万/元	获得资格

二、订单选取规则

(一) 市场分析

在选取订单以前，要先学会分析市场。在ERP沙盘模拟中，市场分析包括产品均价的预测、需求量的预测及订单数量的预测。表3-12、表3-13和表3-14显示了市场预测表示例。

表3-12 产品均价预测表

(单位：万元)

序号	年份	产品	本地	区域	国内	亚洲	国际
1	第2年	P1	49.6	51.8	0	0	0
2	第2年	P2	70.8	73.7	0	0	0
3	第2年	P3	85.2	88.9	0	0	0
4	第2年	P4	0	112.2	0	0	0
5	第3年	P1	51.3	50	50	0	0
6	第3年	P2	71.1	71.1	70.7	0	0
7	第3年	P3	85.2	87.5	88.2	0	0
8	第3年	P4	112.6	107.6	115.2	0	0
9	第4年	P1	50.6	48.4	49.2	50.8	0

笔记

续表

序号	年份	产品	本地	区域	国内	亚洲	国际
10	第 4 年	P2	70.4	67.8	68.5	71.4	0
11	第 4 年	P3	87.1	83.2	82.8	85	0
12	第 4 年	P4	110.8	111.7	107.6	113.8	0
13	第 5 年	P1	50.7	0	51.1	495.5	53.2
14	第 5 年	P2	71.2	71.7	0	70.5	0
15	第 5 年	P3	0	0	84.8	0	87.8
16	第 5 年	P4	0	106.3	108.4	0	106.1

表 3-13 需求量预测表

(单位：个)

序号	年份	产品	本地	区域	国内	亚洲	国际
1	第 2 年	P1	54	44	0	0	0
2	第 2 年	P2	37	27	0	0	0
3	第 2 年	P3	21	18	0	0	0
4	第 2 年	P4	0	32	0	0	0
5	第 3 年	P1	39	32	35	0	0
6	第 3 年	P2	19	27	27	0	0
7	第 3 年	P3	29	28	22	0	0
8	第 3 年	P4	31	34	23	0	0
9	第 4 年	P1	32	19	24	25	0
10	第 4 年	P2	25	27	26	21	0
11	第 4 年	P3	24	25	18	26	0
12	第 4 年	P4	24	24	29	24	0
13	第 5 年	P1	55	0	27	31	30
14	第 5 年	P2	26	23	0	63	0
15	第 5 年	P3	0	0	65	0	50
16	第 5 年	P4	0	27	31	0	23

注意，在表 3-13 和表 3-12 中，第 5 年 P3 产品在本地市场、区域市场，P4 产品在本地市场的需求量及价格预测均为 0，意味着第 5 年 P3、P4 产品在相应的市场没有需求。这种情况下，即使在相应市场投放广告，也拿不到订单。所以，在投放广告、选取订单前，一定注意进行市场分析，控制营销成本。

表 3-14 订单数量预测表

(单位：个)

序号	年份	产品	本地	区域	国内	亚洲	国际
1	第 2 年	P1	15	15	0	0	0
2	第 2 年	P2	12	12	0	0	0
3	第 2 年	P3	8	8	0	0	0

续表

序号	年份	产品	本地	区域	国内	亚洲	国际
4	第2年	P4	0	11	0	0	0
5	第3年	P1	12	12	12	0	0
6	第3年	P2	11	11	11	0	0
7	第3年	P3	10	10	10	0	0
8	第3年	P4	9	9	9	0	0
9	第4年	P1	8	8	8	8	0
10	第4年	P2	8	8	8	8	0
11	第4年	P3	8	8	8	8	0
12	第4年	P4	8	8	8	8	0
13	第5年	P1	18	0	12	10	9
14	第5年	P2	10	10	0	20	0
15	第5年	P3	0	0	18	0	15
16	第5年	P4	0	8	10	0	10

结合需求量和订单数量两个预测表看,第 3 年 P2 产品在本地市场的需求量为 19 个,在区域市场的需求量为 27 个;但订单个数均为 11。这就意味着区域市场的单个订单中的产品需求数量比本地市场大。

(二)订单要素分析

在选取订单时,需要在有限的时间快速对订单要素进行分析。订单如表 3-15 所示,主要包括订单编号、数量、交货期、账期、ISO 认证要求及总价。

表 3-15 订单示例

	订单 1	订单 2
订单编号	12-0355	6-0087
总价	380 万元	170 万元
数量	4 个	2 个
交货期	4Q	4Q
账期	3Q	3Q
ISO 认证要求	ISO9000、ISO14000	无

(1) 产品数量。上面两个订单中均表明了交货数量,订单 1 数量为 4 个,订单 2 数量为 2 个。一张订单数量不论有几个,都需要一次性按时交付全部数量,否则整张订单按违约处理,需要支付违约金。

(2) 交货期。交货期规定了该订单需要在本年度第几季度交货。注意,如果交货期为 4Q(第四季度),那么该订单需要在进入第四季度时交货,不是说有四个季度的生产时间,下一年第一季度再交货。交货可以提前,但不能推后。

笔记

(3) 账期。企业销售产品后，可以得到相应账期的应收款。如果订单标明账期为3Q，意思是交货后的第三季度收现。如果账期为 0，代表现金交易，交货时就可以收到现金。以订单 1 为例，在第四季度交货，账期为 3Q，即下一年第三季度现金到账。

(4) ISO 认证要求。市场上有的订单会对产品有较高的质量要求和环保要求，因此企业就要完成相应的资格认证。在 ERP 沙盘模拟中，企业的认证资格有 ISO9000 和 ISO14000 两种。如果订单对认证资格有要求，但是生产企业没有获得相应资质，企业就不能选取该订单。如果选取，将要承担违约责任。订单 1 有 ISO9000 和 ISO14000 资格认证要求，订单 2 则没有，因此，在选取订单时务必看清楚再选。

(5) 订单总价。即该订单交货后能够获得的全部收入。订单 1 订单总收入为 380 万元，交货后企业主营业务收入增加 380 万元。

（三）投放广告

企业在每个经营年度年初有一次广告投放的机会(第一年没有)，这是订单选取的前提。企业只有先投放广告，才有资格参加订货会，进行订单的选取。投放广告时注意以下几点。

(1) 企业投放广告只能在已经完成了市场开发的细分市场进行。在细分市场企业要根据生产计划、销售计划，对即将出售的产品投放广告，广告额10 万元起，不能低于 10 万元。

(2) 投放广告金额可以大于 10 万元，投放金额越大，意味着企业产品的宣传越到位，就能优先选取订单。如果企业在研究分析了市场预测、竞争状况等因素后，想要在某一市场选取两个以上的订单，则要增加广告的投放额，每多投入 20 万元广告费，可以获得多一轮的选单机会。也就是投 30 万元可以选第 2 轮，投入 50 万元可以选第 3 轮，以此类推。但这是从理论层面来讲的，实际选单时，如果该细分市场订单数量有限或竞争激烈，第 1 轮选单就选完了全部订单，即使企业投入再多的广告，也没有第 2 轮选单机会。

(3) 如果企业在某个细分市场有选单机会，但是企业的产品已经全部预售，产能无法满足更多订单，企业可以放弃选单机会。

（四）订单选取

全部企业完成投放广告后，开启订货会，各企业选取订单。在选取订单时，按照顺序轮流选单，在第一轮选单结束后，如果还有剩余订单且有的企业广告投放额大于 30 万元，则开启第 2 轮选单，以此类推，直到细分市场订单被选完，或者没有企业有选单资格为止。具体订单选取规则如下。

(1) 市场老大优先选单。如果系统设置了市场老大，那么市场老大有优先选单权。市场老大指在某个细分市场销售总额最大的企业。成为市场老大靠的是企业在某个细分市场全部产品、全部订单的销售总额，不是单个产品的销售额。一旦成为市场老大，下一年度企业在该市场所有投放了广告的产品上都拥有优先选单权。

例如，企业 A 第 2 年在国内市场销售总额排名第一，成为国内市场老大，第 3 年订货会上，企业 A 只要在国内市场投放了 P1、P2、P3、P4 的广告，不论其他企业投放多少广告，企业 A 都可优先选单。

笔记

(2) 广告投放额。在没有市场老大的情况下，企业的选单顺序根据广告投放额决定。在有市场老大的情况下，市场老大选完单后，其他企业根据广告额投放的多少来确定选单顺序。

(3) 特殊情况下的选单。如果两个企业都不是市场老大，而且在某一细分市场对相同产品投放的广告额一样，就要对比这两个企业在该细分市场的全部广告额，如表 3-16 所示。

表 3-16　企业 A 和企业 B 第 3 年在区域市场的广告投放额

企业	产品				
	P1	P2	P3	P4	合计
A	10 万元	20 万元	30 万元	0	60 万元
B	20 万元	20 万元	0	10 万元	50 万元

在上表中，企业 A 和企业 B 第 3 年在区域市场 P2 产品都投放了 20 万元，而且均不是市场老大，在选单时就要对比两个企业在该市场投放的广告总额。企业 A 投放了 60 万元，企业 B 投放了 50 万元，企业 A 投放的广告总额多于企业 B，所以选单时企业 A 优先选单。

如果两个企业广告投放总额也一样，就需要对比两个企业上一年度在该市场的销售额，上一年度在该市场销售多的优先选单。如果上一年两个企业销售额一样，就要对比广告投放时间，先投放广告的优先选单。

笔记

任务五　认知其他规则

一、排名规则

企业每年经营结束后，都可以查看排行榜排名。排行榜排名根据各企业的所有者权益及综合发展能力确定。综合发展能力需要根据企业的生产能力、资源状态、研发水平等评分。排行榜计分标准为

$$总成绩＝所有者权益×(1＋企业综合发展能力/100)$$
$$企业综合发展能力＝市场资格分值＋ISO资格分值＋生产资格分值＋厂房分值$$

生产线建成(包括转产)即加分，不必生产出产品，也不必有在产品。

生产线建成意味着生产能力的提升，不论生产线在产与否都可以加分。厂房如果是租赁，则不能加分，购买以后才能加分，所以各经营企业如果前期租赁厂房，可以在经营后期资金充足时，把厂房进行租转买处理。这样，不仅节省支出，还可增加企业综合发展能力。

二、破产规则

在ERP沙盘模拟中，只要出现以下两种情形之一，企业就宣告破产，无法继续经营。

(1) 企业现金流出现断流，即企业没有足够现金支付相关费用。为防止企业现金流出现断流，在经营过程中，各企业必须做好资金预算。

(2) 年末结账时所有者权益为负。在年末结账时，如果企业所有者权益为负，则企业宣告破产。

三、管理费用

管理费用包括行政管理人员工资、行政管理费用等，无论企业是否开展生产、营销等活动，都必须支付管理费用。管理费用按季度支付，每季度10万元；在季度结束时，系统自动扣除。

笔记

四、缴税规则

在 ERP 沙盘模拟中，企业需要缴纳的税种合并为"企业所得税"一项，税率为 25%。如果企业经营前期有亏损，在盈利后，允许用税前利润抵扣前 5 年的亏损，直到亏损全部弥补后再缴纳企业所得税。缴税规则示例如表 3-17 所示。

表 3-17 缴税规则示例

年份	税前利润/万元	应纳税所得额/万元	所得税费用/万元
第 1 年	−300	0	
第 2 年	100	0	
第 3 年	300	100	25
第 4 年	200	200	50

测试：其他规则测验

04

项目四 引导年度经营

知识目标

- 了解新道新商战系统的操作环境。
- 掌握年初运营、季度运营、年末运营的操作要点。
- 掌握特殊业务处理方法。

职业技能目标

- 能熟练打开和登录电子沙盘界面
- 能运用电子沙盘操作界面中的各功能板块。
- 能完成电子沙盘的操作流程。
- 能在电子沙盘中准确地实施经营计划。

素养目标

- 培养数字化技能。
- 增强团队合作意识。
- 提升数据运算技能。

知识导图

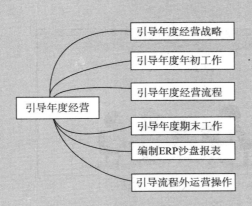

任务一 引导年度经营战略

——知识准备与业务操作——

一、年度规划会议

年度规划会议在每个运营年度开始时召开，在软件中无须操作。年度规划会议一般由团队的总经理主持召开，总经理会同团队中的采购、生产、销售负责人一起进行全年的市场预测分析，进行广告投放、订单选取、产能扩张、产能安排、材料订购、订单交货、产品研发、市场开拓、筹资管理和现金控制等方面的分析和决策规划，最终制定全年运营的财务预算。

二、支付广告费和支付所得税

单击"当年结束"，系统时间切换到下一年年初，确认投放广告后，系统会自动扣除所投放的广告费和上年应缴的所得税。

三、参加订货会

单击主页面下方操作区中的"参加订货会"，将看到"订货会就绪"对话框(见图4-1)或"参加订货会"对话框(见图4-2)。当有的企业仍未完成投放广告操作时，当前组如图4-1所示。当所有企业均已经完成广告投放，且教师/裁判已经启动订货会时，系统会显示如图4-2所示的界面。

图4-1 "订货会就绪"对话框

图 4-2 "参加订货会"对话框

【说明】

(1) 系统会提示正在进行选单的市场(显示为红色)、选单用户和剩余选单时间，企业选单时要特别关注上述信息。

(2) 对话框左边显示某市场的选单顺序，右边显示该市场的订单列表。未轮到当前用户选单时，右边的"操作"一列无法单击。轮到当前用户选单时，"操作"列中显示"选中"按钮，单击"选中"按钮，将成功选单。选单倒计时结束后，用户无法选单。

(3) 选单时要特别注意在两个市场同时进行选单的情况，此时很容易漏选市场订单。

(4) 全部市场选单结束后，订货会结束。

任务二　引导年度年初工作

——知识准备与业务操作——

一、长期贷款

单击主页面下方操作区中的"申请长贷"菜单项，将看到"申请长贷"对话框(图中的 W 表示万元，后同)，如图 4-3 所示。弹出框中显示本企业当前时间可以申请的最大贷款额度，单击"需贷款年限"下拉框，选择贷款年限；在"需贷款额"录入框内输入贷款金额，单击"确认"按钮，即申请长贷成功。

视频：长期贷款操作演示

图 4-3　"申请长贷"对话框

【说明】

(1) 对于"需贷款年限"，系统预设有 1 年、2 年、3 年、4 年和 5 年。对于"最大贷款额度"，系统设定为上年末企业所有者权益的 N 倍；N 具体为多少，由教师/裁判在参数设置中设定。"需贷款额"由企业在年度规划会议中根据企业运营规划确定，但不得超过最大贷款额度。

(2) 长期贷款为分期付息，到期一次还本。年利率由教师/裁判在参数设置中设定。

若长期贷款年利率设定为 10%，贷款额度设定为上年末所有者权益的 3 倍，企业上年末所有者权益总额为 80 万元，则本年度贷款上限为 240 万元(＝80 万元×3)。假定企业之前没有贷款，则本次贷款最大额度为本年度贷款上限，即 240 万元。若企业之前已经存在 100 万元的贷款，则本次贷款最大额度为本年度贷款上限减去已贷金额，即 140 万元。

若企业第 1 年初贷入了 100 万元，期限 5 年，则系统会在第 2、3、4、5、6 年初每年自动扣除长贷利息 10 万元(＝100 万元×10%)，并在第 6 年初自动扣除应偿还的贷款本金 100 万元。

任务三　引导年度经营流程

知识准备与业务操作

一、当季开始

单击"当季开始"按钮后，系统会弹出"当季开始"对话框(见图4-4)，该操作完成后才能开始执行季度内的各项操作。

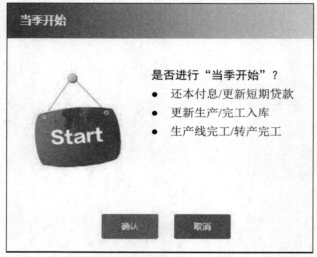

图4-4　"当季开始"对话框

【说明】

开始操作时，系统会自动完成短期贷款的更新，扣除应偿还的短期借款本息，更新生产/完工入库情况(若已完工，则完工产品会自动进入产品库，可通过查询库存信息了解入库情况)，检测生产线完工/转产完工情况。

二、申请短贷

单击主页面下方操作区中的"申请短贷"菜单项，将看到"申请短贷"对话框。在"需贷款额"后输入金额(见图4-5)，单击"确认"即短贷成功。

图 4-5 "申请短贷"对话框

【说明】

短贷期限默认为 1 年，到期一次还本付息，贷款年利率由教师/裁判在参数设置中设定，短贷金额不得超过"申请短贷"对话框中的"最大贷款额度"。

假定企业短期贷款年利率为 5%，企业在第 1 年第 1 季度贷入 20 万元，那么，企业需要在第 2 年第 1 季度偿还该笔短贷的本金 20 万元和利息 1 万元(＝20 万元×5%)。

三、更新原料库

单击主页面下方操作区中的"更新原料库"菜单项，将看到"更新原料"对话框(见图 4-6)，提示当前应入库原料需要支付的现金。确认金额无误后，单击"确认"按钮，系统扣除现金并增加原料库存。

图 4-6 "更新原料"对话框

【说明】

企业经营沙盘运营中，原材料一般分为 R1、R2、R3、R4 四种，它们的采购价由系统设定，一般每个原材料价格均为 1 万元。其中 R1、R2 原材料在订购 1 个季度后付款，R3、R4 原材料在订购 2 个季度后付款。

若某企业在第 1 季度订购了 R1、R2、R3、R4 各 1 个，第 2 季度又订购了 R1、R2、R3、R4 各 2 个，则第 2 季度更新原料操作时，需要支付的材料采购款为 2 万元(系第 1 季度订购的 R1 和 R2 材料款），第 3 季度更新原料操作时，需要支付的材料采购款为 6 万元(第 1 季度订购的 R3、R4 材料款和第 2 季度订购的 R1、R2 材料款)。分析过程如图 4-7 所示。

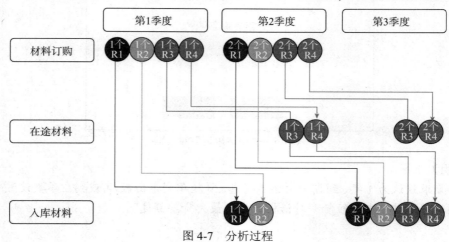

图 4-7　分析过程

四、订购原料

单击主页面下方操作区中的"订购原料"菜单项，将看到"订购原料"对话框(见图 4-8)，显示原料名称、价格及运货期信息，在"数量"一列输入需要订购的原料数量，单击"确定"按钮即可。

图 4-8　"订购原料"对话框

【说明】

企业原材料一般分为 R1、R2、R3、R4 四种，其中 R1、R2 原材料需要提前 1 个季度订购，在 1 个季度后支付材料款并入库，R3、R4 原材料需要提前 2 个季度订购，在 2 个季度后支付材料款并入库。材料订购数量根据后期生产需要决定，订购多了会造成现金占用，订购少了则不能满足生产需要，会造成生产线停产，甚至不能按期完成产品交货，导致产品订单违约。

笔记

若企业第 2 季度需要领用 5 个 R1、4 个 R2，第 3 季度需要领用 3 个 R1、4 个 R2、5 个 R3、4 个 R4，第 4 季度需要领用 4 个 R1、6 个 R2、4 个 R3、5 个 R4，则企业第 1 季度需要订购的原材料为 5 个 R1、4 个 R2、5 个 R3、4 个 R4，第 2 季度需要订购的原材料为 3 个 R1、4 个 R2、4 个 R3、5 个 R4。分析过程如图 4-9 所示。

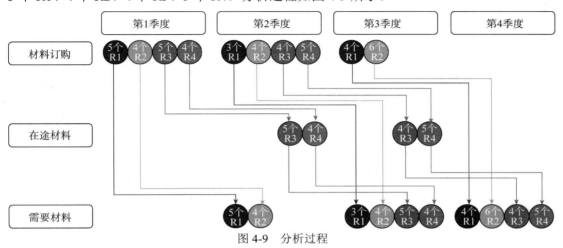

图 4-9 分析过程

五、购租厂房

单击主页面下方操作区中的"购租厂房"菜单项，将看到"购租厂房"对话框，单击下拉框选择厂房类型，下拉框中提示每种厂房的购买价格、租用价格等。选择"订购方式"（"买"或"租"）后，单击"确认"按钮即可，如图 4-10 所示。

图 4-10 "购租厂房"对话框

【说明】

厂房类型根据需要选择大厂房或小厂房，订购方式可以根据需要选择买或租。厂房每季均可购入或租入。

若选择购买，则需要一次性支付购买价款，无后续费用；若选择租入，则需要每年支付租金，租金支付时间为租入当时及以后每年对应季度的季末。

若企业在第1年第2季度选择购入1个大厂房,则系统会在购入时一次性扣除相应的购买价款,以后不再产生相关扣款。

若企业在第1年第2季度选择租入1个大厂房,则需要在第1年第2季度租入时支付第1年租金,以后每年的租金由系统自动在第2季度季末支付。

六、新建生产线

单击主页面下方操作区中的"新建生产线"菜单项,将看到"新建生产线"对话框(见图4-11)。选择放置生产线的厂房,单击"类型"下拉框,选择要新建的生产线类型,下拉框中有生产线的价格信息;然后选择新建的生产线计划生产的产品类型;最后单击"确认"按钮。

注意,新建多条生产线时,不必退出该界面,可重复操作。

视频:生产线建设操作演示

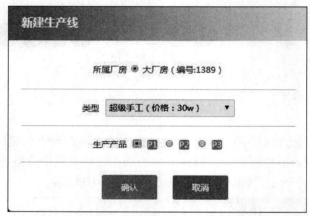

图4-11 "新建生产线"对话框

【说明】

生产线一般包括手工线、租赁线、自动线和柔性线等,各种生产线的购买价格、折旧、残值、生产周期、转产周期、建造周期各不相同。

可假设手工线买价30万元、建造期0Q,租赁线买价100万元、建造期1Q,全自动线买价150万元、建造期3Q,柔性线买价200万元、建造期4Q。

企业如果在第1年第1季度同时建造上述生产线,则第1季度新建生产线时需要支付230万元(手工线30万元、租赁线100万元、自动线50万元、柔性线50万元),第2季度建生产线时需要支付100万元(自动线50万元、柔性线50万元),第3季度建生产线时需要支付100万元(自动线50万元、柔性线50万元),第4季度建生产时需要支付50万元(柔性线50万元)。建造过程如表4-1所示。

表 4-1 建造过程

	第1年第1季度	第1年第2季度	第1年第3季度	第1年第4季度	第2年第1季度	总投资额
手工线	30万元(建成)					30万元
租赁线	100万元(在建)	建成				100万元
自动线	50万元(在建)	50万元(在建)	50万元(在建)	建成		150万元
柔性线	50万元(在建)	50万元(在建)	50万元(在建)	50万元(在建)	建成	200万元
当季投资总额	230万元	100万元	100万元	50万元		

七、在建生产线

单击主页面下方操作区中的"在建生产线"菜单项,将看到"在建生产线"对话框(见图4-12)。弹出框中显示需要继续投资建设的生产线的信息,勾选决定继续投资的生产线,单击"确认"按钮即可。

图 4-12 "在建生产线"对话框

【说明】

只有处于建造期的生产线才会在此对话框中显示,该对话框会提供处于建造期间的生产线的累计投资额、开建时间和剩余建造期。

八、生产线转产

单击主页面下方操作区中的"生产线转产"菜单项,将看到"生产线转产"对话框(见图4-13)。弹出框显示可以进行转产的生产线信息,勾选转产的生产线及转线要生产的产品,单击"确认"按钮即可。

视频:生产线转产操作演示

图4-13 "生产线转产"对话框

【说明】

生产线建造时已经确定了生产的产品种类,但在企业运营过程中,可能无法生产出订单要求的产品数量,因此需要对生产线进行适当的转产操作。转产时要求该生产线处于待生产状态,否则不可进行转产操作。

转产时,不同生产线的转产费用和转产周期是有区别的。当转产周期大于1Q时,下一季度单击"生产线转产",弹出框中显示需要继续转产的生产线,勾选即继续投资转产,不选即中断转产。

下面分析两种假定的情形。

第一种情形假定规则规定手工线的转产周期和转产费用为0。若某手工线原定生产P1产品,现在需要转产为P2产品,则转产时要求该手工线上没有在产品,且转产当季即可上线生产新的P2产品,不必支付转产费用。

第二种情形假定规则规定租赁线转产周期为1Q,转产费用为1万元。若某半自动线原定生产P1产品,现在需要转产为P2产品,则转产时要求该租赁线上没有在产品,且在进行1个季度的"生产线转产"操作后,方能上线生产新的P2产品,且需要支付相应的转产费用1万元。

九、出售生产线

单击主页面下方操作区中的"出售生产线"菜单项,将看到"出售生产线"对话框(见图4-14)。弹出框中有可以出售的生产线信息。勾选要出售的生产线,单击"确认"按钮即可。

 笔记

图 4-14 "出售生产线"对话框

【说明】

生产线出售的前提是该生产线是空置的,即没有在生产产品。出售时按残值收取现金,按净值(生产线的原值减去累计折旧后的余额)与残值之间的差额作企业损失。已提足折旧的生产线不会产生出售损失,未提足折旧的生产线必然产生出售损失。

假定规则确定租赁线建设期为1Q、原值为10万元、残值为2万元、使用年限为4年。企业第1年第1季度开建一条租赁线,则该生产线第1年第2季度建成,只要该生产线处于待生产状态即可进行出售。

若建成后当年将其出售,则会收到2万元现金,同时产生8万元损失,即原值(10万元)－累计折旧(0)－残值(2万元)。若第2年将其出售,则会收到2万元现金,同时产生6万元损失,即原值(10万元)－累计折旧(2万元)－残值(2万元),以此类推。

十、开始生产

单击主页面下方操作区中的"开始生产"菜单项,将看到"开始下一批生产"对话框(见图 4-15)。弹出框中显示可以投入生产的生产线信息。勾选要投产的生产线,单击"确认"按钮即可。

图 4-15 "开始下一批生产"对话框

【说明】

开始下一批生产时保证相应的生产线空闲、产品完成研发、生产原料充足、投产用的现金足够，上述四个条件缺一不可。开始下一批生产操作时，系统会自动从原材料仓库领用相应的原材料，并从现金库扣除用于生产的人工费用。

假定规则规定 P1 产品需要的原材料为 1 个 R1，投产用的现金为 10 万元，当前想在某租赁线上上线生产 P1 产品，则要求该租赁线此时没有在产品(因为一条生产线同时只能生产 1 个产品)，且原材料仓库需要有 1 个 R1 原材料，以及 10 万元的现金余额用于支付生产产品的人工费。上线生产后，系统会自动从 R1 原材料库中领用 1 个 R1，并从现金库中扣除 10 万元的生产费用。

十一、应收款更新

单击主页面下方操作区中的"应收款更新"菜单项，可看到"应收款更新"对话框(见图 4-16)，单击"确认"按钮即可。

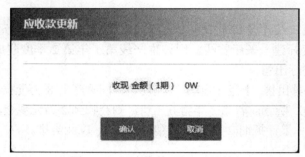

图 4-16　"应收款更新"对话框

【说明】

"应收款更新"操作实质上是将企业所有的应收款项减少 1 个收账期。它分为两种情况，一是针对本季度尚未到期的应收款，系统会自动将其收账期减少 1 个季度，另一部分针对本季度到期的应收款，系统会自动计算并在"收现金额"框内显示，自动增加企业的现金。

假设某企业上季度末应收账款有如下两笔：一笔账期为"3 季"、金额为 20 万元，另一笔账期为"1 季"、金额为 30 万元。本季度进行应收款更新时，系统会将账期为"3 季"、金额为 20 万元的应收款更新为账期为"2 季"、金额为 20 万元的应收款，同时系统会自动将账期为"1 季"、金额为 30 万元的应收款收现。

十二、按订单交货

单击主页面下方操作区中的"按订单交货"菜单项，将看到"订单交货"对话框(见图 4-17)，单击每条订单后的"确认交货"即可。

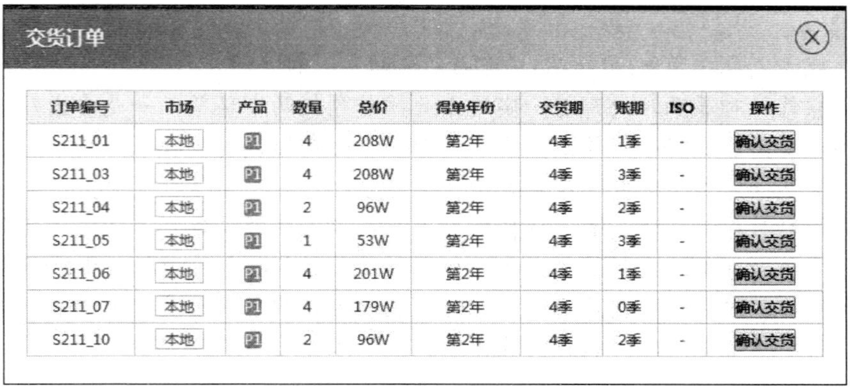
交货订单

订单编号	市场	产品	数量	总价	得单年份	交货期	账期	ISO	操作
S211_01	本地	P1	4	208W	第2年	4季	1季	-	确认交货
S211_03	本地	P1	4	208W	第2年	4季	3季	-	确认交货
S211_04	本地	P1	2	96W	第2年	4季	2季	-	确认交货
S211_05	本地	P1	1	53W	第2年	4季	3季	-	确认交货
S211_06	本地	P1	4	201W	第2年	4季	1季	-	确认交货
S211_07	本地	P1	4	179W	第2年	4季	0季	-	确认交货
S211_10	本地	P1	2	96W	第2年	4季	2季	-	确认交货

图 4-17　“订单交货”对话框

【说明】

“交货订单”对话框会显示年初订货会上取得的所有产品订单，提供订单销售收入总价、订单需要交付的产品种类和数量、交货期、账期等信息。单击相应订单右侧的“确认交货”按钮后，若相应产品库存足够，将提示交货成功；若库存不足，将弹出“库存不足”提示框。交货后，会收取相应的现金或产生相应的应收款。

若企业获取的订单情况如图 4-17 所示，则表示上述订单均要求在当年第 4 季度结束前交货。如果不能按时交货，则取消相应的产品订单，且要支付相应的违约金(违约金比率由教师/裁判在系统参数中设置)。

若当前为当年的第 3 季度，库存 P1 产品有 2 个，则企业可选择 S211_04、S211_10 两个订单中的一个进行交货，若企业选择 S211-04 订单交货，则交货后企业会产生账期为“2 季”、金额为 96 万元的应收款，该应收款可在下季度收回。同时，系统交货时会从 P1 产品库中减少 2 个 P1 产品。

十三、厂房处理

单击主页面下方操作区中的“厂房处理”菜单项，弹出“厂房处理”对话框(见图 4-18)。选择厂房的处理方式，系统会自动显示出符合处理条件的厂房以供选择。勾选厂房，单击“确认”按钮。

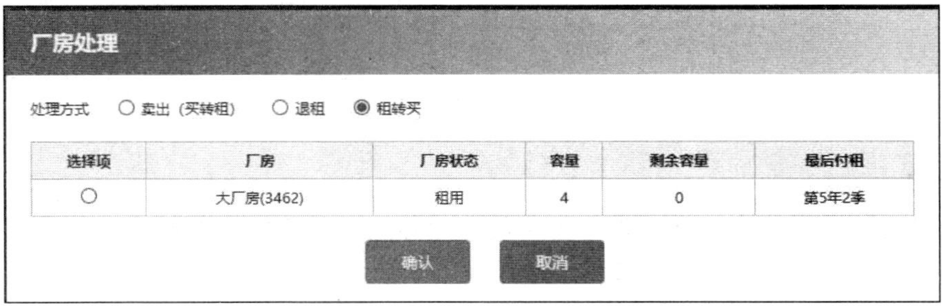

图 4-18　“厂房处理”对话框

笔记

【说明】

厂房处理方式包括卖出(买转租)、退租、租转买三种。

买转租操作针对原购入的厂房，实质上此操作包括两个环节，一是卖出厂房，同时将此厂房租回，卖出厂房将根据规则产生一定金额、一定账期的应收款，租入厂房需要支付对应的租金，这一操作不需要厂房空置。

退租操作针对原租入的厂房，该操作要求厂房内无生产设备。若从上年支付租金时算起租期未满 1 年，则无须支付退租当年的租金，反之则需要支付退租当年的租金。

租转买操作针对原租入的厂房，该操作实质上包括两个环节，一是退租，同时将该厂房买入。购买厂房时需要支付相应的购买价款，该操作无须厂房空置。

假定规则规定某大厂房购买价为 30 万元，租金为 4 万元/年。

若企业欲将原购入的大厂房买转租，则会产生账期为"4 季"、金额为 30 万元的应收款，同时系统会在买转租时自动扣除当期厂房租金 4 万元。

若企业于上年第 2 季度租入一个大厂房，如果在本年度第 2 季度结束前退租，则系统无须支付第 2 个年度的厂房租金；如果在本年度第 2 季度结束后退租，则系统需要扣除第 2 个年度的厂房租金 4 万元。此操作要求该厂房内无生产设备。

若企业欲通过租转买操作购入原租入的大厂房，则系统仍会在大厂房租入的对应季度扣除当年的租金，并且在租转买时支付大厂房的购买价款 30 万元。

十四、产品研发

单击主页面下方操作区中的"产品研发"菜单项，弹出"产品研发"对话框(见图 4-19)。勾选需要研发的产品，单击"确认"按钮。

选择项	产品	投资费用	投资时间	剩余时间
✔	P1	10W/季	2季	-
	P2	10W/季	3季	-
	P3	10W/季	4季	-

图 4-19 "产品研发"对话框

【说明】

产品研发按照季度来投资，每个季度均可操作，中间可以中断投资，直至产品研发完成，产品研发成功后方能生产相应的产品。

假定企业在第1年第1季度开始同时研发"产品研发"对话框所示的3种产品,且中间不中断研发,第1年第1季度需要支付研发费用30万元,第1季度无产品研发完成;第1年第2季度需要支付研发费用30万元,季度末P1产品研发完成,第3季度即可生产P1产品;第1年第3季度需要支付研发费用20万元,季度末P2产品研发完成,第4季度即可生产P2产品;第1年第4季度需要支付研发费用10万元,季度末P3产品研发完成,第2年第1季度即可生产P3产品。具体研发过程如表4-2所示。

表4-2 研发过程

	第1年 第1季度	第1年 第2季度	第1年 第3季度	第1年 第4季度	第2年 第1季度
P1	10万元	10万元	生产产品	—	—
P2	10万元	10万元	10万元	生产产品	—
P3	10万元	10万元	10万元	10万元	生产产品
当季投资总额	30万元	30万元	20万元	10万元	—

任务四　引导年度期末工作

——知识准备与业务操作——

一、ISO 投资

该操作只有每年第 4 季度才出现。单击主页面下方操作区中的"ISO 投资"菜单项，将看到"ISO 投资"对话框(见图 4-20)。勾选需要投资的 ISO 资质，单击"确认"按钮即可。

图 4-20　"ISO 投资"对话框

【说明】

　　ISO 投资包括产品质量(ISO9000)认证投资和产品环保(ISO14000)认证投资。企业若想在订货会上选取带有 ISO 认证的订单，必须取得相应的 ISO 认证资格，否则不能选取相应订单。ISO 投资每年进行一次，可中断投资，直至 ISO 投资完成。

　　若企业在订单市场中想选择包含 ISO9000 要求的产品订单，则该企业必须已经完成 ISO9000 的投资，否则不能选择该订单。

　　假定 ISO 投资规则如图 4-20 所示，企业若在第 1 年同时开始投资 ISO9000 和 ISO14000，中间不中断投资，则第 1 年该企业需要支付 ISO 投资额 25 万元(ISO9000 投资费用 10 万元＋ISO14000 投资费用 15 万元)，第 2 年该企业还需要支付 ISO 投资额 25 万元。此时完成 ISO 投资，该企业可在第 3 年的年度订货会中选取带有 ISO 资格要求的订单。

二、市场开拓

该操作只有每年第 4 季度才出现。单击主页面下方操作区中的"市场开拓"可看到"市场开拓"对话框(见图 4-21)。勾选需要开拓的市场,单击"确认"按钮即可。

图 4-21 "市场开拓"对话框

【说明】

企业经营沙盘中市场包括本地市场、区域市场、国内市场、亚洲市场和国际市场。市场开拓是企业进入相应市场投放广告、选取产品订单的前提。市场开拓每年第四季度末可操作一次,中间可中断投资。

假定规则规定本地市场、区域市场、国内市场、亚洲市场和国际市场的开拓期分别为 1、1、2、3、4 年,开拓费用均为每年 10 万元。若企业从第 1 年末开始开拓所有市场,且中间不中断投资,则:

- 第 1 年需要支付 50 万元(各类市场各 10 万元)市场开拓费用,即在第 2 年初的订货会上可对本地市场和区域市场投放广告、选取订单;
- 第 2 年末需要支付 30 万元(国内、亚洲、国际各 10 万元)市场开拓费用,且完成国内市场的开拓,即在第 3 年初的订货会上可对本地市场、区域市场和国内市场投放广告、选取订单;
- 第 3 年末需要支付 20 万元(亚洲、国际各 10 万元)市场开拓费用,且完成亚洲市场的开拓,即在第 4 年初的订货会上可对本地、区域、国内和亚洲市场投放广告、选取订单;
- 第 4 年末需要支付 10 万元(国际市场 10 万元)市场开拓费用,且完成国际市场的开拓,即在第 5 年初的订货会上可对所有市场投放广告、选取订单。

三、当季(年)结束

该操作在每年 1~3 季度末显示"当季结束",每年第 4 季度末显示"当年结束"。单击

主页面下方操作区中的"当季结束"或"当年结束"菜单项，可看到"当季结束"(见图 4-22)或"当年结束"对话框(见图 4-23)。核对当季(年)结束需要支付或更新的事项。确认无误后，单击"确认"按钮即可。

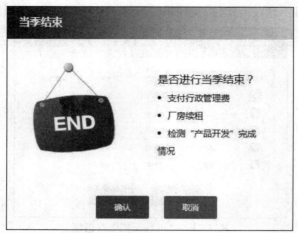

图 4-22 "当季结束"对话框

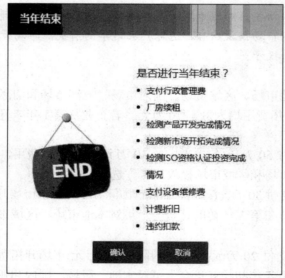

图 4-23 "当年结束"对话框

【说明】

当季结束时，系统会自动支付行政管理费、厂房续租租金，检查产品开发完成情况。

当年结束时，系统会自动支付行政管理费、厂房续租租金，检测产品开发、ISO 投资、市场开拓情况，自动支付设备维修费，计提当年折旧，扣除产品违约订单的罚款。

笔记

任务五 编制 ERP 沙盘报表

—— 知识准备与业务操作 ——

一、填写报表

单击主页面下方操作区中的"填写报表"菜单项,将看到"填写报表"对话框(见图 4-24)。依次在综合费用表、利润表、资产负债表的编辑框内输入相应计算数值,在填写三张表的过程中可随时单击"保存"按钮,暂时保存数据。单击"提交"按钮,即提交结果。系统提示计算数值是否正确,并在教师端公告信息中显示结果。

视频:报表填写操作演示

图 4-24 "填写报表"对话框

综合费用表反映企业期间费用的情况,包括管理费、广告费、设备维护费、转产费、租金、市场准入开拓、ISO 认证资格、产品研发费、信息费和其他项目。其中信息费是企业为了解竞争对手的财务信息而支付的费用。

利润表反映企业当期的盈利情况，包括销售收入、直接成本、综合费用、折旧、财务费用、所得税等项目。其中销售收入为当期按订单交货后取得的收入总额，直接成本为当期销售产品的总成本，综合费用根据"综合费用表"中的合计数填列，折旧为当期生产线折旧总额，财务费用为当期借款所产生的利息总额，所得税根据利润总额计算。

此外，下列项目由系统自动计算，公式如下：

销售毛利＝销售收入－直接成本

折旧前利润＝销售毛利－综合费用

支付利息前利润＝折旧前利润－折旧

税前利润＝支付利息前利润－财务费用

净利润＝税前利润－所得税

资产负债表反映企业当期财务状况，包括现金、应收款、在制品、产成品、原材料等流动资产，土地建筑物、机器设备和在建工程等固定资产，长期负债、短期负债、特别贷款、应交税金等负债，以及股东资本、利润留存、年度利润等所有者权益项目。

其中，相关项目填列方法如下：

- 现金根据企业现金结存数填列；
- 应收款根据应收款余额填列；
- 在制品根据在产的产品成本填列；
- 产成品根据结存在库的完工产品总成本填列；
- 原材料根据结存在库的原材料总成本填列；
- 土地建筑物根据购入的厂房总价值填列；
- 机器设备根据企业拥有的已经建造完成的生产线的总净值填列；
- 在建工程根据企业拥有的在建的生产线的总价值填列；
- 长期负债根据长期借款余额填列；
- 短期负债根据短期借款余额填列；
- 特别贷款根据后台特别贷款总额填列(一般不会遇到) ；
- 应交税金根据计算出的应缴纳的所得税金额填列；
- 股东资本根据企业收到的股东注资总额填列；
- 利润留存根据截至上年末企业的利润结存情况填列；
- 年度利润根据本年度的利润表中的净利润填列。

二、投放广告

该操作在每年年初进行，单击主页面下方操作区中的"投放广告"菜单，将看到"投放广告"对话框(见图 4-25)，录入各市场广告费，单击"确认"按钮即可。

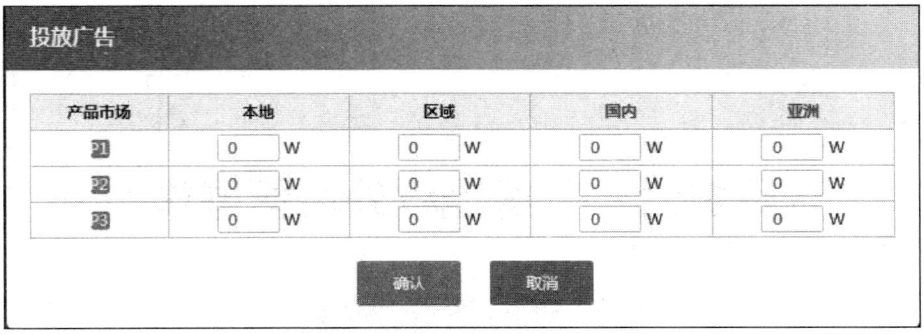

图 4-25 "投放广告"对话框

【说明】

市场开拓完成，相应的市场显示为黑色字体，则可在该市场投放广告费。若市场显示为红色字体，则表示该市场尚未开拓完成，不可在该市场投放广告费。市场广告费的投放要根据市场的竞争激烈程度、企业自身的产能布置、发展战略、竞争对手的广告投放策略等多方面因素综合考虑。所有小组均完成广告投放后，教师/裁判才会开启订货会。

任务六　引导流程外运营操作

知识准备与业务操作

一、贴现

此操作随时可进行，单击主页面下方操作区中的"贴现"菜单项，将看到"贴现"对话框(见图4-26)。弹出框显示可以贴现的应收款金额，选好贴现期，在"贴现额"一列输入要贴现的金额。单击"确认"按钮，系统根据不同贴现期扣除不同贴息，将贴现金额加入现金库。

视频：贴现操作演示

图4-26　"贴现"对话框

【说明】

贴现指提前收回未到期的应收款，因为该应收款并非正常到期收回，所以贴现时需要支付相应的贴现利息。贴现利息＝贴现金额×贴现率，贴现率由教师/裁判在系统参数中设定。这一操作一般在企业短期存在现金短缺，且无法通过成本更低的正常贷款取得现金流时才考虑使用。

假定某企业账期为1季和2季的应收款贴现率为10%，账期为3季和4季的应收款贴现率为12.5%，若企业将账期为2季、金额为10万元的应收款和账期为3季、金额为20

万元的应收款同时贴现,则

贴现利息＝10×10%＋20×12.5%＝3.5(万元)≈4 万元(规则规定贴现利息一律向上取整)

实收金额＝10＋20－4＝26(万元)

贴现后收到 26 万元,当即加到企业现金库,产生贴现利息 4 万元,作为财务费用入账。

二、紧急采购

该操作随时可进行,单击主页面下方操作区中的"紧急采购"菜单项,将看到"紧急采购"对话框(见图 4-27)。对话框显示当前企业的原料、产品的库存数量及紧急采购价格,在"订购量"一列输入数值,单击"确认"按钮即可。

图 4-27 "紧急采购"对话框

【说明】

紧急采购是为了解决材料或产品临时短缺而出现的,企业原材料订购不足或产品未能按时生产出来,均可能造成产品订单不能按时交货,导致订单违约,从而失去该订单收入和承担违约损失。为避免该损失,企业可通过紧急采购少量的短缺原材料或产品,从而满足生产或交货的需要,促使产品按时交货,由此取得相应的销售利润。紧急采购价格一般比正常的采购价要高很多,具体由教师/裁判在参数设置中设定。操作时既可以紧急采购原材料,也可以紧急采购库存产品。

三、出售库存

该操作随时可进行,单击主页面下方操作区中的"出售库存"菜单项,可看到"出售库存"对话框(见图 4-28)。对话框显示当前企业的原料、产品的库存数量及销售价格,在"出售数量"一列输入数值,单击"出售产品"或"出售原料"即可。

笔记

图 4-28 "出售库存"对话框

【说明】

企业一般只有在资金极度短缺时才会考虑出售库存。库存出售一般会在成本的基础上打折销售，出售价由教师/裁判在参数设置中设定。

四、厂房贴现

该操作可随时进行，单击主页面下方操作区中的"厂房贴现"菜单项，将看到"厂房贴现"对话框(见图 4-29)。弹出框显示可以贴现的厂房信息，选择某一厂房，单击"确认"按钮贴现。系统根据每类厂房出售价格贴现，如果有生产线，则扣除该厂房的租金，保证厂房继续经营。

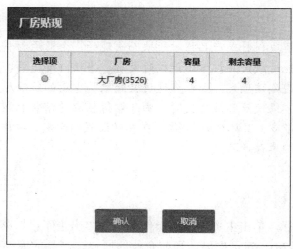

图 4-29 "厂房贴现"对话框

笔记

【说明】

该操作实质上是将厂房卖出(买转租)产生的应收款直接贴现取得现金。它与厂房处理中的卖出(买转租)的区别在于,"卖出(买转租)"操作时产生的应收款并未直接贴现,而厂房贴现则直接将卖出(买转租)产生的应收款同时贴现。

五、订单信息

此操作可随时进行。单击主页面下方操作区中的"订单信息"菜单项,将看到"订单信息"对话框(见图 4-30)。弹出框显示当前企业所有年份获得的订单,可以查询每个订单的完成时间、状态等信息。

订单编号	市场	产品	数量	总价	状态	得单年份	交货期	账期	ISO	交货时间
S211_06	本地	P1	4	201W	未到期	第2年	4季	1季	-	-
S211_07	本地	P1	4	179W	未到期	第2年	4季	0季	-	-
S211_03	本地	P1	4	208W	未到期	第2年	4季	3季	-	-
S211_05	本地	P1	1	53W	未到期	第2年	4季	3季	-	-
S211_01	本地	P1	4	208W	未到期	第2年	4季	1季	-	-
S211_04	本地	P1	2	96W	未到期	第2年	4季	2季	-	-
S211_10	本地	P1	2	96W	未到期	第2年	4季	2季	-	-

图 4-30 "订单信息"对话框

【说明】

企业可随时单击"订单信息"查阅所取得的订单情况,从而安排生产、交货等事宜。

六、间谍

单击主页面下方操作区中的"间谍"菜单项,将看到"间谍"对话框(见图 4-31),单击"确认下载"按钮即可。

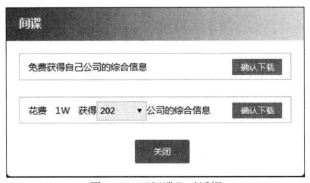

图 4-31 "间谍"对话框

【说明】

"间谍"对话框可显示自己公司的信息和其他公司的信息。可免费获取自己公司的信息，以 Excel 形式查阅或保存企业经营数据。要查看其他公司的信息，则需要支付间谍费(费用由教师/裁判在参数设置中设定)，才能以 Excel 形式查询。

注意：间谍软件不得使用第三方下载工具(迅雷、QQ 旋风等)下载。

项目五 经营ERP沙盘（活页式表格）

知识目标

- 熟练掌握沙盘的经营规则和操作要点。
- 掌握运营/经营记录表的填写方法。

职业技能目标

- 能熟练填写运营/经营记录表。
- 能按照规则熟练完成各项步骤。
- 能准确提交财务报表。

素养目标

- 培养学生精准记录的意识。
- 培养学生团结合作的意识。
- 培养学生适应岗位的意识。

知识导图

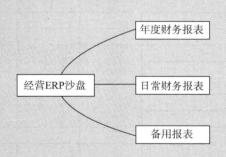

任务一 年度财务报表

一、经营第一年

第一年运营记录表

操作事项	第一季度	第二季度	第三季度	第四季度
年初现金盘点		////	////	////
申请长期贷款		////	////	////
季初现金盘点(请填余额)				
更新短期贷款/还本付息				
更新生产/完工入库				
生产线完工				
申请短期贷款				
更新原料库(购买到期的原料,更新在途原料)				
订购原料				
购租厂房(选择厂房类型,选择购买或租赁)				
新建生产线(选择生产线类型及生产产品种类)				
在建生产线(生产线第二、三、四期的投资)				
生产线转产(选择转产产品种类)				
出售生产线				
开始下一批生产(空置的生产线开始新一轮生产)				
更新应收款(输入从应收款一期更新到现金库的金额)				
按订单交货				
厂房处理				
产品研发投资				
支付行政管理费				
新市场开拓		////	////	
ISO 资格认证投资		////	////	
支付设备维修费		////	////	
计提折旧		////	////	
违约扣款		////	////	
紧急采购(随时进行)				
出售库存(随时进行)				
应收款贴现(随时进行)				
贴息(随时进行)				
其他现金收支情况登记(根据需要填写)				
期末现金对账(请填余额)				

注:加斜线部分表示不需要操作。

第一年订单登记表

序号	市场	产品	数量	交货期	应收款账期	销售额	成本	毛利
1								
2								
3								
4								
5								
6								
7								

注：第一年一般无订单，无须填写第一年订单。

第一年产品核算统计表

	P1	P2	P3	P4	P5	合计
数量						
销售额						
成本						
毛利						

第一年综合管理费用明细表 (单位：万元)

项目	金额	备注
管理费		
广告费		
维修费		
租金		
转产费		
市场准入开拓		□本地　□区域　□国内　□亚洲　□国际
ISO 资格认证		□ISO9000　　□ISO14000
产品研发		P1( )、P2( )、P3( )、P4( )、P5( )
损失		
合计		

笔记

第一年利润表　　　　　　　　　　　　　　　　　　(单位：万元)

项　目	本　年　数
销售收入	
直接成本	
毛利	
综合费用	
折旧前利润	
折旧	
支付利息前利润	
财务费用(利息＋贴息)	
税前利润	
所得税	
净利润	

第一年资产负债表　　　　　　　　　　　　　　　　(单位：万元)

资　产	金　额	负债和所有者权益	金　额
流动资产：		负债：	
现金		长期负债	
应收款		短期负债	
在制品		应交税金	
成品		负债合计	
原料		所有者权益：	
流动资产合计		股东资本	
固定资产：		利润留存	
土地和建筑		年度净利	
机器与设备		所有者权益合计	
在建工程		负债和所有者权益总计	
固定资产合计			
资产总计			

笔记

二、经营第二年

第二年运营记录表

操作事项	第一季度	第二季度	第三季度	第四季度
年初现金盘点				
申请长期贷款				
季初现金盘点(请填余额)				
更新短期贷款/还本付息				
更新生产/完工入库				
生产线完工				
申请短期贷款				
更新原料库(购买到期的原料，更新在途原料)				
订购原料				
购租厂房(选择厂房类型，选择购买或租赁)				
新建生产线(选择生产线类型及生产产品种类)				
在建生产线(生产线第二、三、四期的投资)				
生产线转产(选择转产产品种类)				
出售生产线				
开始下一批生产(空置的生产线开始新一轮生产)				
更新应收款(输入从应收款一期更新到现金库的金额)				
按订单交货				
厂房处理				
产品研发投资				
支付行政管理费				
新市场开拓				
ISO 资格认证投资				
支付设备维修费				
计提折旧				
违约扣款				
紧急采购(随时进行)				
出售库存(随时进行)				
应收款贴现(随时进行)				
贴息(随时进行)				
其他现金收支情况登记(根据需要填写)				
期末现金对账(请填余额)				

注：加斜线部分表示不需要操作。

第二年订单登记表

序号	市场	产品	数量	交货期	应收款账期	销售额	成本	毛利
1								
2								
3								
4								
5								
6								
7								

第二年产品核算统计表

	P1	P2	P3	P4	P5	合计
数量						
销售额						
成本						
毛利						

第二年综合管理费用明细表 （单位：万元）

项目	金额	备注
管理费		
广告费		
维修费		
租金		
转产费		
市场准入开拓		□本地　□区域　□国内　□亚洲　□国际
ISO 资格认证		□ISO9000　□ISO14000
产品研发		P1( )、P2( )、P3( )、P4( )、P5( )
损失		
合计		

笔记

第二年利润表

(单位：万元)

项　　目	本　年　数
销售收入	
直接成本	
毛利	
综合费用	
折旧前利润	
折旧	
支付利息前利润	
财务费用(利息＋贴息)	
税前利润	
所得税	
净利润	

第二年资产负债表

(单位：万元)

资　　产	金　额	负债和所有者权益	金　额
流动资产：		负债：	
现金		长期负债	
应收款		短期负债	
在制品		应交税金	
成品		负债合计	
原料		所有者权益：	
流动资产合计		股东资本	
固定资产：		利润留存	
土地和建筑		年度净利	
机器与设备		所有者权益合计	
在建工程		负债和所有者权益总计	
固定资产合计			
资产总计			

笔记

三、经营第三年

第三年运营记录表

操作事项	第一季度	第二季度	第三季度	第四季度
年初现金盘点		/////	/////	/////
申请长期贷款		/////	/////	/////
季初现金盘点(请填余额)				
更新短期贷款/还本付息				
更新生产/完工入库				
生产线完工				
申请短期贷款				
更新原料库(购买到期的原料,更新在途原料)				
订购原料				
购租厂房(选择厂房类型,选择购买或租赁)				
新建生产线(选择生产线类型及生产产品种类)				
在建生产线(生产线第二、三、四期的投资)				
生产线转产(选择转产产品种类)				
出售生产线				
开始下一批生产(空置的生产线开始新一轮生产)				
更新应收款(输入从应收款一期更新到现金库的金额)				
按订单交货				
厂房处理				
产品研发投资				
支付行政管理费				
新市场开拓		/////	/////	
ISO 资格认证投资		/////	/////	
支付设备维修费		/////	/////	
计提折旧		/////	/////	
违约扣款		/////	/////	
紧急采购(随时进行)				
出售库存(随时进行)				
应收款贴现(随时进行)				
贴息(随时进行)				
其他现金收支情况登记(根据需要填写)				
期末现金对账(请填余额)				

注:加斜线部分表示不需要操作。

笔记

第三年订单登记表

序号	市场	产品	数量	交货期	应收款账期	销售额	成本	毛利
1								
2								
3								
4								
5								
6								
7								

第三年产品核算统计表

	P1	P2	P3	P4	P5	合计
数量						
销售额						
成本						
毛利						

第三年综合管理费用明细表 (单位：万元)

项　目	金　额	备　注
管理费		
广告费		
维修费		
租　金		
转产费		
市场准入开拓		□本地　□区域　□国内　□亚洲　□国际
ISO 资格认证		□ISO9000　　□ISO14000
产品研发		P1( )、P2( )、P3( )、P4( )、P5( )
损　失		
合　计		

笔记

第三年利润表

(单位：万元)

项　　目	本　年　数
销售收入	
直接成本	
毛利	
综合费用	
折旧前利润	
折旧	
支付利息前利润	
财务费用(利息＋贴息)	
税前利润	
所得税	
净利润	

第三年资产负债表

(单位：万元)

资　　产	金　额	负债和所有者权益	金　额
流动资产：		负债：	
现金		长期负债	
应收款		短期负债	
在制品		应交税金	
成品		负债合计	
原料		所有者权益：	
流动资产合计		股东资本	
固定资产：		利润留存	
土地和建筑		年度净利	
机器与设备		所有者权益合计	
在建工程		负债和所有者权益总计	
固定资产合计			
资产总计			

笔记

四、经营第四年

第四年运营记录表

操作事项	第一季度	第二季度	第三季度	第四季度
年初现金盘点				
申请长期贷款				
季初现金盘点(请填余额)				
更新短期贷款/还本付息				
更新生产/完工入库				
生产线完工				
申请短期贷款				
更新原料库(购买到期的原料,更新在途原料)				
订购原料				
购租厂房(选择厂房类型,选择购买或租赁)				
新建生产线(选择生产线类型及生产产品种类)				
在建生产线(生产线第二、三、四期的投资)				
生产线转产(选择转产产品种类)				
出售生产线				
开始下一批生产(空置的生产线开始新一轮生产)				
更新应收款(输入从应收款一期更新到现金库的金额)				
按订单交货				
厂房处理				
产品研发投资				
支付行政管理费				
新市场开拓				
ISO 资格认证投资				
支付设备维修费				
计提折旧				
违约扣款				
紧急采购(随时进行)				
出售库存(随时进行)				
应收款贴现(随时进行)				
贴息(随时进行)				
其他现金收支情况登记(根据需要填写)				
期末现金对账(请填余额)				

注:加斜线部分表示不需要操作。

第四年订单登记表

序号	市场	产品	数量	交货期	应收款账期	销售额	成本	毛利
1								
2								
3								
4								
5								
6								
7								

第四年产品核算统计表

	P1	P2	P3	P4	P5	合计
数量						
销售额						
成本						
毛利						

第四年综合管理费用明细表

(单位：万元)

项目	金额	备注
管理费		
广告费		
维修费		
租金		
转产费		
市场准入开拓		□本地　　□区域　　□国内　　□亚洲　　□国际
ISO资格认证		□ISO9000　　□ISO14000
产品研发		P1( )、P2( )、P3( )、P4( )、P5( )
损　失		
合　计		

笔记

第四年利润表
(单位：万元)

项　　目	本　年　数
销售收入	
直接成本	
毛利	
综合费用	
折旧前利润	
折旧	
支付利息前利润	
财务费用(利息＋贴息)	
税前利润	
所得税	
净利润	

第四年资产负债表
(单位：万元)

资　　产	金　　额	负债和所有者权益	金　　额
流动资产：		负债：	
现金		长期负债	
应收款		短期负债	
在制品		应交税金	
成品		负债合计	
原料		所有者权益：	
流动资产合计		股东资本	
固定资产：		利润留存	
土地和建筑		年度净利	
机器与设备		所有者权益合计	
在建工程		负债和所有者权益总计	
固定资产合计			
资产总计			

笔记

五、经营第五年

第五年运营记录表

操作事项	第一季度	第二季度	第三季度	第四季度
年初现金盘点				
申请长期贷款				
季初现金盘点(请填余额)				
更新短期贷款/还本付息				
更新生产/完工入库				
生产线完工				
申请短期贷款				
更新原料库(购买到期的原料,更新在途原料)				
订购原料				
购租厂房(选择厂房类型,选择购买或租赁)				
新建生产线(选择生产线类型及生产产品种类)				
在建生产线(生产线第二、三、四期的投资)				
生产线转产(选择转产产品种类)				
出售生产线				
开始下一批生产(空置的生产线开始新一轮生产)				
更新应收款(输入从应收款一期更新到现金库的金额)				
按订单交货				
厂房处理				
产品研发投资				
支付行政管理费				
新市场开拓				
ISO 资格认证投资				
支付设备维修费				
计提折旧				
违约扣款				
紧急采购(随时进行)				
出售库存(随时进行)				
应收款贴现(随时进行)				
贴息(随时进行)				
其他现金收支情况登记(根据需要填写)				
期末现金对账(请填余额)				

注:加斜线部分表示不需要操作。

笔记

第五年订单登记表

序号	市场	产品	数量	交货期	应收款账期	销售额	成本	毛利
1								
2								
3								
4								
5								
6								
7								

第五年产品核算统计表

	P1	P2	P3	P4	P5	合计
数量						
销售额						
成本						
毛利						

第五年综合管理费用明细表 (单位：万元)

项 目	金 额	备 注
管理费		
广告费		
维修费		
租 金		
转产费		
市场准入开拓		□本地　□区域　□国内　□亚洲　□国际
ISO 资格认证		□ISO9000　　□1SO14000
产品研发		P1( )、P2( )、P3( )、P4( )、P5( )
损 失		
合 计		

笔记

第五年利润表　　　　　　　　　　　　　　　　　（单位：万元）

项　　目	本　年　数
销售收入	
直接成本	
毛利	
综合费用	
折旧前利润	
折旧	
支付利息前利润	
财务费用(利息＋贴息)	
税前利润	
所得税	
净利润	

第五年资产负债表　　　　　　　　　　　　　　　（单位：万元）

资　　产	金　额	负债和所有者权益	金　额
流动资产：		负债：	
现金		长期负债	
应收款		短期负债	
在制品		应交税金	
成品		负债合计	
原料		所有者权益：	
流动资产合计		股东资本	
固定资产：		利润留存	
土地和建筑		年度净利	
机器与设备		所有者权益合计	
在建工程		负债和所有者权益总计	
固定资产合计			
资产总计			

笔记

六、经营第六年

第六年运营记录表

操作事项	第一季度	第二季度	第三季度	第四季度
年初现金盘点		/////	/////	/////
申请长期贷款		/////	/////	/////
季初现金盘点(请填余额)				
更新短期贷款/还本付息				
更新生产/完工入库				
生产线完工				
申请短期贷款				
更新原料库(购买到期的原料,更新在途原料)				
订购原料				
购租厂房(选择厂房类型,选择购买或租赁)				
新建生产线(选择生产线类型及生产产品种类)				
在建生产线(生产线第二、三、四期的投资)				
生产线转产(选择转产产品种类)				
出售生产线				
开始下一批生产(空置的生产线开始新一轮生产)				
更新应收款(输入从应收款一期更新到现金库的金额)				
按订单交货				
厂房处理				
产品研发投资				
支付行政管理费				
新市场开拓		/////	/////	
ISO 资格认证投资		/////	/////	
支付设备维修费		/////	/////	
计提折旧		/////	/////	
违约扣款		/////	/////	
紧急采购(随时进行)				
出售库存(随时进行)				
应收款贴现(随时进行)				
贴息(随时进行)				
其他现金收支情况登记(根据需要填写)				
期末现金对账(请填余额)				

注:加斜线部分表示不需要操作。

笔记

第六年订单登记表

序号	市场	产品	数量	交货期	应收款账期	销售额	成本	毛利
1								
2								
3								
4								
5								
6								
7								

第六年产品核算统计表

	P1	P2	P3	P4	P5	合计
数量						
销售额						
成本						
毛利						

第六年综合管理费用明细表

(单位：万元)

项目	金额	备注
管理费		
广告费		
维修费		
租金		
转产费		
市场准入开拓		□本地　□区域　□国内　□亚洲　□国际
ISO 资格认证		□ISO9000　□1SO14000
产品研发		P1( )、P2( )、P3( )、P4( )、P5( )
损失		
合计		

笔记

第六年利润表 (单位：万元)

项 目	本 年 数
销售收入	
直接成本	
毛利	
综合费用	
折旧前利润	
折旧	
支付利息前利润	
财务费用(利息＋贴息)	
税前利润	
所得税	
净利润	

第六年资产负债表 (单位：万元)

资 产	金 额	负债和所有者权益	金 额
流动资产：		负债：	
现金		长期负债	
应收款		短期负债	
在制品		应交税金	
成品		负债合计	
原料		所有者权益：	
流动资产合计		股东资本	
固定资产：		利润留存	
土地和建筑		年度净利	
机器与设备		所有者权益合计	
在建工程		负债和所有者权益总计	
固定资产合计			
资产总计			

笔记

任务二　日常财务报表

生产计划及采购计划编制（第一年至第三年）

生产线		第一年				第二年				第三年			
		第一季度	第二季度	第三季度	第四季度	第一季度	第二季度	第三季度	第四季度	第一季度	第二季度	第三季度	第四季度
1	产品												
	材料												
2	产品												
	材料												
3	产品												
	材料												
4	产品												
	材料												
5	产品												
	材料												
6	产品												
	材料												
7	产品												
	材料												
8	产品												
	材料												
合计	产品												
	材料												

笔记

生产计划及采购计划编制(第四年至第六年)

生产线		第四年				第五年				第六年			
		第一季度	第二季度	第三季度	第四季度	第一季度	第二季度	第三季度	第四季度	第一季度	第二季度	第三季度	第四季度
1	产品												
	材料												
2	产品												
	材料												
3	产品												
	材料												
4	产品												
	材料												
5	产品												
	材料												
6	产品												
	材料												
7	产品												
	材料												
8	产品												
	材料												
合计	产品												
	材料												

笔记

开工计划

产品	第一年				第二年				第三年			
	第一季度	第二季度	第三季度	第四季度	第一季度	第二季度	第三季度	第四季度	第一季度	第二季度	第三季度	第四季度
P1												
P2												
P3												
P4												
人工												
付款												

产品	第四年				第五年				第六年			
	第一季度	第二季度	第三季度	第四季度	第一季度	第二季度	第三季度	第四季度	第一季度	第二季度	第三季度	第四季度
P1												
P2												
P3												
P4												
人工												
付款												

产品	第七年				第八年				第九年			
	第一季度	第二季度	第三季度	第四季度	第一季度	第二季度	第三季度	第四季度	第一季度	第二季度	第三季度	第四季度
P1												
P2												
P3												
P4												
人工												
付款												

笔记

采购及材料付款计划

产品	第一年				第二年				第三年			
	第一季度	第二季度	第三季度	第四季度	第一季度	第二季度	第三季度	第四季度	第一季度	第二季度	第三季度	第四季度
R1												
R2												
R3												
R4												
材料付款												

产品	第四年				第五年				第六年			
	第一季度	第二季度	第三季度	第四季度	第一季度	第二季度	第三季度	第四季度	第一季度	第二季度	第三季度	第四季度
R1												
R2												
R3												
R4												
材料付款												

产品	第七年				第八年				第九年			
	第一季度	第二季度	第三季度	第四季度	第一季度	第二季度	第三季度	第四季度	第一季度	第二季度	第三季度	第四季度
R1												
R2												
R3												
R4												
材料付款												

笔记

公司贷款申请表

贷款类		第一年				第二年				第三年				第四年				第五年				第六年			
		第一季度	第二季度	第三季度	第四季度	第一季度	第二季度	第三季度	第四季度	第一季度	第二季度	第三季度	第四季度	第一季度	第二季度	第三季度	第四季度	第一季度	第二季度	第三季度	第四季度	第一季度	第二季度	第三季度	第四季度
短贷	借																								
	还																								
高利贷	借																								
	还																								
短贷余额																									
监督员签字																									

贷款类		第一年	第二年	第三年	第四年
长贷	借				
	还				
长贷余额					
上年权益					
监督员签字					

笔记

应收账款登记表

公司	款类	第一年				第二年				第三年			
		第一季度	第二季度	第三季度	第四季度	第一季度	第二季度	第三季度	第四季度	第一季度	第二季度	第三季度	第四季度
	应收期 1												
	2												
	3												
	4												
	到款												
	贴现												
	贴现费												

公司	款类	第四年				第五年				第六年			
		第一季度	第二季度	第三季度	第四季度	第一季度	第二季度	第三季度	第四季度	第一季度	第二季度	第三季度	第四季度
	应收期 1												
	2												
	3												
	4												
	到款												
	贴现												
	贴现费												

笔记

市场开发投入登记表

公司代码：

年度	区域市场 (1y)	国内市场 (2y)	亚洲市场 (3y)	国际市场 (4y)	完成	监督员签字
第一年						
第二年						
第三年						
第四年						
第五年						
第六年						
总计						

产品开发登记表

年度	P2	P3	P4	总计	完成	监督员签字
第一年						
第二年						
第三年						
第四年						
第五年						
第六年						
总计						

ISO 认证投资

ISO 认证资格	年份					
	第一年	第二年	第三年	第四年	第五年	第六年
ISO9000						
ISO14000						
总计						
监督员签字						

笔记

产品(原材料)交易订单(一)

购买单位		购买时间		年		季	
销售单位		完工时间		年		季	
		原料				产品	
产品/原料	R1	R2	R3	R4	P1	P2	P3	P4
成交数量								
成交金额								
付款方式								
购买人								
售货人								
审核人								

注: 1. 完工时间必须晚于购买时间,否则为无效交易;
    2. 本协议可以事先签定,但必须交双方监督员审核签字后生效;
    3. 如果没有双方监督人签字,视为无效交易;
    4. 无效交易按交易额扣除双方利润。

产品(原材料)交易订单(二)

购买单位		购买时间		年		季	
销售单位		完工时间		年		季	
		原料				产品	
产品/原料	R1	R2	R3	R4	P1	P2	P3	P4
成交数量								
成交金额								
付款方式								
购买人								
售货人								
审核人								

注: 1. 完工时间必须晚于购买时间,否则为无效交易;
    2. 本协议可以事先签定,但必须交双方监督员审核签字后生效;
    3. 如果没有双方监督人签字,视为无效交易;
    4. 无效交易按交易额扣除双方利润。

产品(原材料)交易订单(三)

购买单位		购买时间		年		季	
销售单位		完工时间		年		季	
		原料				产品	
产品/原料	R1	R2	R3	R4	P1	P2	P3	P4
成交数量								
成交金额								
付款方式								
购买人								
售货人								
审核人								

注: 1. 完工时间必须晚于购买时间,否则为无效交易;
    2. 本协议可以事先签定,但必须交双方监督员审核签字后生效;
    3. 如果没有双方监督人签字,视为无效交易;
    4. 无效交易按交易额扣除双方利润。

产品(原材料)交易订单(四)

购买单位		购买时间		年		季	
销售单位		完工时间		年		季	
		原料				产品	
产品/原料	R1	R2	R3	R4	P1	P2	P3	P4
成交数量								
成交金额								
付款方式								
购买人								
售货人								
审核人								

注: 1. 完工时间必须晚于购买时间,否则为无效交易;
    2. 本协议可以事先签定,但必须交双方监督员审核签字后生效;
    3. 如果没有双方监督人签字,视为无效交易;
    4. 无效交易按交易额扣除双方利润。

笔记

任务三 备用报表

运营记录表(一)

操作事项	第一季度	第二季度	第三季度	第四季度
年初现金盘点				
申请长期贷款				
季初现金盘点(请填余额)				
更新短期贷款/还本付息				
更新生产/完工入库				
生产线完工				
申请短期贷款				
更新原料库(购买到期的原料,更新在途原料)				
订购原料				
购租厂房(选择厂房类型,选择购买或租赁)				
新建生产线(选择生产线类型及生产产品种类)				
在建生产线(生产线第二、三、四期的投资)				
生产线转产(选择转产产品种类)				
出售生产线				
开始下一批生产(空置的生产线开始新一轮生产)				
更新应收款(输入从应收款一期更新到现金库的金额)				
按订单交货				
厂房处理				
产品研发投资				
支付行政管理费				
新市场开拓				
ISO 资格认证投资				
支付设备维修费				
计提折旧				
违约扣款				
紧急采购(随时进行)				
出售库存(随时进行)				
应收款贴现(随时进行)				
贴息(随时进行)				
其他现金收支情况登记(根据需要填写)				
期末现金对账(请填余额)				

注:加斜线部分表示不需要操作。

订单登记表(一)

序号	市场	产品	数量	交货期	应收款账期	销售额	成本	毛利
1								
2								
3								
4								
5								
6								
7								

产品核算统计表(一)

	P1	P2	P3	P4	P5	合计
数量						
销售额						
成本						
毛利						

综合管理费用明细表(一)   (单位：万元)

项　目	金　额	备　注
管理费		
广告费		
维修费		
租　金		
转产费		
市场准入开拓		□本地　□区域　□国内　□亚洲　□国际
ISO 资格认证		□ISO9000　□ISO14000
产品研发		P1( )、P2( )、P3( )、P4( )、P5( )
损　失		
合　计		

笔记

利润表(一) (单位：万元)

项　　目	本　年　数
销售收入	
直接成本	
毛利	
综合费用	
折旧前利润	
折旧	
支付利息前利润	
财务费用(利息＋贴息)	
税前利润	
所得税	
净利润	

资产负债表(一) (单位：万元)

资　　产	金　　额	负债和所有者权益	金　　额
流动资产：		负债：	
现金		长期负债	
应收款		短期负债	
在制品		应交税金	
成品		负债合计	
原料		所有者权益：	
流动资产合计		股东资本	
固定资产：		利润留存	
土地和建筑		年度净利	
机器与设备		所有者权益合计	
在建工程		负债和所有者权益总计	
固定资产合计			
资产总计			

笔记

运营记录表(二)

操作事项	第一季度	第二季度	第三季度	第四季度
年初现金盘点		///	///	///
申请长期贷款		///	///	///
季初现金盘点(请填余额)				
更新短期贷款/还本付息				
更新生产/完工入库				
生产线完工				
申请短期贷款				
更新原料库(购买到期的原料,更新在途原料)				
订购原料				
购租厂房(选择厂房类型,选择购买或租赁)				
新建生产线(选择生产线类型及生产产品种类)				
在建生产线(生产线第二、三、四期的投资)				
生产线转产(选择转产产品种类)				
出售生产线				
开始下一批生产(空置的生产线开始新一轮生产)				
更新应收款(输入从应收款一期更新到现金库的金额)				
按订单交货				
厂房处理				
产品研发投资				
支付行政管理费				
新市场开拓		///	///	
ISO 资格认证投资		///	///	
支付设备维修费		///	///	
计提折旧		///	///	
违约扣款		///	///	
紧急采购(随时进行)				
出售库存(随时进行)				
应收款贴现(随时进行)				
贴息(随时进行)				
其他现金收支情况登记(根据需要填写)				
期末现金对账(请填余额)				

注:加斜线部分表示不需要操作。

订单登记表(二)

序号	市场	产品	数量	交货期	应收款账期	销售额	成本	毛利
1								
2								
3								
4								
5								
6								
7								

产品核算统计表(二)

	P1	P2	P3	P4	P5	合计
数量						
销售额						
成本						
毛利						

综合管理费用明细表(二)

(单位：万元)

项目	金额	备注
管理费		
广告费		
维修费		
租金		
转产费		
市场准入开拓		□本地　□区域　□国内　□亚洲　□国际
ISO资格认证		□ISO9000　　□ISO14000
产品研发		P1( )、P2( )、P3( )、P4( )、P5( )
损失		
合计		

笔记

利润表(二)

(单位:万元)

项 目	本 年 数
销售收入	
直接成本	
毛利	
综合费用	
折旧前利润	
折旧	
支付利息前利润	
财务费用(利息+贴息)	
税前利润	
所得税	
净利润	

资产负债表(二)

(单位:万元)

资 产	金 额	负债和所有者权益	金 额
流动资产:		负债:	
现金		长期负债	
应收款		短期负债	
在制品		应交税金	
成品		负债合计	
原料		所有者权益:	
流动资产合计		股东资本	
固定资产:		利润留存	
土地和建筑		年度净利	
机器与设备		所有者权益合计	
在建工程		负债和所有者权益总计	
固定资产合计			
资产总计			

笔记

运营记录表(三)

操作事项	第一季度	第二季度	第三季度	第四季度
年初现金盘点		/////	/////	/////
申请长期贷款		/////	/////	/////
季初现金盘点(请填余额)				
更新短期贷款/还本付息				
更新生产/完工入库				
生产线完工				
申请短期贷款				
更新原料库(购买到期的原料,更新在途原料)				
订购原料				
购租厂房(选择厂房类型,选择购买或租赁)				
新建生产线(选择生产线类型及生产产品种类)				
在建生产线(生产线第二、三、四期的投资)				
生产线转产(选择转产产品种类)				
出售生产线				
开始下一批生产(空置的生产线开始新一轮生产)				
更新应收款(输入从应收款一期更新到现金库的金额)				
按订单交货				
厂房处理				
产品研发投资				
支付行政管理费				
新市场开拓		/////	/////	/////
ISO 资格认证投资		/////	/////	/////
支付设备维修费		/////	/////	/////
计提折旧		/////	/////	/////
违约扣款		/////	/////	/////
紧急采购(随时进行)				
出售库存(随时进行)				
应收款贴现(随时进行)				
贴息(随时进行)				
其他现金收支情况登记(根据需要填写)				
期末现金对账(请填余额)				

注:加斜线部分表示不需要操作。

订单登记表(三)

序号	市场	产品	数量	交货期	应收款账期	销售额	成本	毛利
1								
2								
3								
4								
5								
6								
7								

产品核算统计表(三)

	P1	P2	P3	P4	P5	合计
数量						
销售额						
成本						
毛利						

综合管理费用明细表(三)   (单位:万元)

项 目	金 额	备 注
管理费		
广告费		
维修费		
租 金		
转产费		
市场准入开拓		□本地　□区域　□国内　□亚洲　□国际
ISO 资格认证		□ISO9000　　□ISO14000
产品研发		P1( )、P2( )、P3( )、P4( )、P5( )
损 失		
合 计		

笔记

利润表(三)

(单位：万元)

项　　目	本　年　数
销售收入	
直接成本	
毛利	
综合费用	
折旧前利润	
折旧	
支付利息前利润	
财务费用(利息＋贴息)	
税前利润	
所得税	
净利润	

资产负债表(三)

(单位：万元)

资　　产	金　　额	负债和所有者权益	金　　额
流动资产：		负债：	
现金		长期负债	
应收款		短期负债	
在制品		应交税金	
成品		负债合计	
原料		所有者权益：	
流动资产合计		股东资本	
固定资产：		利润留存	
土地和建筑		年度净利	
机器与设备		所有者权益合计	
在建工程		负债和所有者权益总计	
固定资产合计			
资产总计			

笔记

06 项目六 分析经营成果

知识目标

- 了解各类战略分析工具、财务分析工具。
- 掌握沙盘运营中的各项规则。
- 掌握沙盘运营中的各种操作技巧。

职业技能目标

- 能熟练掌握沙盘运营的各项操作。
- 能合理安排企业战略，合理规划企业生产组织，合理进行企业营销，合理进行生产布局，合理管理资金使用。
- 能在沙盘模拟中使企业盈利。

素养目标

- 提升学生的综合思维能力。
- 培养数据敏感度与解读能力。
- 培养战略思维与决策制定能力。

知识导图

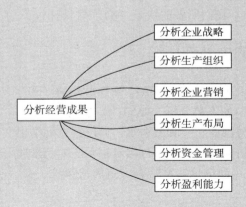

任务一　分析企业战略

——任务引例——

商场如战场。不同企业在商战中有不同的生存之道。有的企业选择规避竞争，小本经营，只要不破产就是胜利；而有的企业目标宏大，要将产品卖到其他省市甚至其他国家，决心在商战中拔得头筹。那么，企业究竟应该何去何从？如何在激烈的竞争中生存、发展、壮大？这就需要我们先为企业设定好战略方向。

——知识准备与业务操作——

一、企业愿景

企业愿景，也称为企业远景，是指企业战略家对企业前景和发展方向的一个高度概括性描述，由企业核心理念和对未来的展望构成。企业愿景由组织内部的成员所制定，借由团队讨论，获得组织的一致认可，形成大家愿意全力以赴的未来方向。在团队创立初期，小组成员就应当充分讨论本组企业的愿景，描绘好成员共同认可的蓝图。

如果小组决定小本经营，那么可能通过放弃ISO认定，减少开放的市场数量，少建设生产线等方式，以降低企业支出，不求盈利多少，只求经过6年，企业可以不破产。如果小组决定在市场上争得一席之地，那么可能会建设多条生产线，开发多种产品，积极开拓市场，以增加营业收入，进而增加利润。可见，企业的许多决策都是围绕企业愿景制定的，企业愿景为后期企业各种战略的制定指明了方向，可谓"不忘初心，方得始终"。当然，局部的最优解并不一定是全局的最优解，我们所做的决策，必须从长计议。

二、用SWOT模型分析企业的内外部环境

SWOT模型是适于分析企业内外部环境的常用模型。所谓SWOT分析，就是基于内外部竞争环境和竞争条件下的态势分析。SWOT将与研究对象密切相关的各种主要内部优势、劣势及外部的机会和威胁等，通过调查列举出来，并依照矩阵形式排列，用系统分析的思想，把各种因素相互匹配起来加以分析，从中得出一系列相应的结论，而结论通常带有一定的决策性。

扩展资料：SWOT分析法

运用这种方法，可对企业所处的情景进行全面、系统、准确的研究，从而根据研究结果制订相应的发展战略、计划及对策等。

S(strengths)是优势，W(weaknesses)是劣势，O(opportunities)是机会，T(threats)是威胁。按照企业竞争战略的完整概念，战略应是一个企业"能够做的"(即组织的强项和弱项)和"可能做的"(即环境的机会和威胁)之间的有机组合。

在进行沙盘对抗前，小组需要做到知己知彼，总经理需要了解团队成员的优势和劣势，同时要根据市场预测和小组数量大致分析竞争的激烈程度。例如，市场预测表(见表6-1)显示，第2年P1产品在本地和区域市场各有12个订单，根据选单规则，第一轮选单结束后，投入的广告费高于一定数额的小组才会进行第二轮的选单。当同时竞争的组数只有10组时，市场较大，竞争压力较小；如果同时竞争的组数有30组，此时市场拥挤，竞争压力较大。SWOT分析工具可在每年的年度规划会议中使用，每年可通过"间谍"程序进一步分析市场和对手的变化，以便及时了解市场竞争激烈程度，指导后续广告投放、产品选择等战略的制定。

表 6-1　市场预测表——订单个数　　　　　　　　　(单位：个)

序号	年份	产品	本地	区域	国内	亚洲	国际
1	第2年	P1	12	12	0	0	0
2	第2年	P2	9	7	0	0	0
3	第2年	P3	7	6	0	0	0
4	第2年	P4	9	10	0	0	0
5	第3年	P1	11	7	7	0	0
6	第3年	P2	8	6	7	0	0
7	第3年	P3	7	6	6	0	0
8	第3年	P4	7	7	5	0	0
9	第4年	P1	7	7	7	7	0
10	第4年	P2	8	7	7	6	0
11	第4年	P3	7	9	8	6	0
12	第4年	P4	6	6	6	6	0

三、企业战略选择

企业经营战略简称企业战略，是企业根据其外部环境及企业内部资源和能力状况，为谋求长期生存和稳定发展，不断获取新的竞争优势，对企业发展目标、达成目标的途径和手段的总体谋划。

企业是营利性组织，我们通常认为企业经营的目标是追求利润最大化。因此，企业各

职能战略的制定，如租厂房还是买厂房、选择怎样的生产线、主要销售哪种产品、如何安排借款、是否进行应收账款贴现等，都是围绕企业目标进行的。

为使企业利润最大化，我们应当做到"开源节流"。开源就是增加销售收入，销售的产品越多，销售收入越多，利润才可能越多。节流就是要有效减少支出，仔细核算，控制成本。其实，企业的各项战略选择，就是将企业有限的资源，适时适量地安排在合适的地方。资金富裕时，尽可能扩大生产、增加销售；同时，合理安排各项支出，不浪费一分钱。

企业的外部环境和竞争对手的发展情况是动态变化的，因此，企业的战略并不是只在最初制定一次，就可以永久使用。企业战略需要根据经营情况进行适时调整，每年都需要召开年度规划会议，分析企业战略是否合理，并结合后续的市场发展及时进行调整。

笔记

任务二 分析生产组织

知识准备与业务操作

一、厂房相关决策

(一) 厂房相关规则

通常,规则中会提供 2~3 种规格的厂房以供选择,不同规格厂房的生产线容量、价格、分值都有所不同。同时,系统一般会提供"租"和"买"两种厂房获取途径。表 6-2 为厂房规则示例。

表 6-2 厂房规则

名称	购买价格/万元	租用价格/(万元/年)	出售价格/万元	生产线容量/条	使用上限/个	分值
大厂房	300	40	300	4	4	10
小厂房	200	30	200	3	4	7

注:① 厂房出售得到 4 个账期的应收款,紧急情况下可厂房贴现,直接得到现金。
② 厂房租入后,一年后可作租转买、退租等处理,系统自动处理续租。
③ 如果管理费与厂房数无关,则每季收取基本管理费(参数)。如果管理费与厂房数有关,则当厂房数量为 0、1、2 时,每季管理费为基本管理费;当厂房数量为 3、4 时,每季管理费为基本管理费的两倍,即每季管理费=基本管理费×2。
④ 使用上限指某类厂房最多可以使用的数量,包括买和租。

(二) 厂房相关决策分析

我们应当选择何种大小的厂房呢?厂房应当租,还是买呢?这需要与企业战略相配合。同时要注意,无论厂房大小,一块空地只能建设一个厂房;如果厂房里有生产线,那么厂房无法退租;对于购买的厂房,如果已经建造了生产线,厂房处理时,会自动买转租。

(1) 如果企业目标为小本经营,那么可以考虑小厂房;如果要力争在竞争中获胜,此时,由于建设生产线后,在不卖掉生产线的情况下,无法进行厂房更换,一般直接选择大厂房(见图 6-1)。

图 6-1 厂房租买界面

(2) 是选择租赁厂房,还是选择购买厂房,主要从财务角度进行考虑。租赁厂房时,需要每年年末支付租金,租金作为一项支出,会使得企业的利润降低,但厂房租赁支付压力较小,每年仅需要支付租金即可。购买厂房时,会将流动资产固定下来,变为固定资产。由于在本系统中,厂房不计提折旧,因此购买的厂房,不会影响企业的利润,但购买厂房支付压力较大,特别是在刚开始经营时,资金有限,可能还有许多需要花钱的地方。

【说明】

由于贷款总金额受所有者权益的制约,我们可以在第一年增加一些贷款,用于购买厂房,占用贷款资金额度。等到现金不足时,使用厂房贴现方式,释放一些流动资金。

二、生产线相关决策

(一) 生产线相关规则

通常,在规则中会提供 4 种规格的生产线以供选择,即手工线、半自动线、自动线和柔性线,有时还会提供租赁线。不同规格的生产线,其投资总额、安装周期、生产周期、转产情况、分值等均不相同。表 6-3 为生产线规则示例。

表 6-3 生产线规则

名称	投资总额/万元	每季投资额/万元	安装周期/季	生产周期/季	每季转产费/万元	转产周期/季	维修费/(万元/年)	残值/万元	折旧费/万元	折旧时间/年	分值
手工线	50	50	0	3	0	0	10	10	10	5	5
半自动线	100	100	1	2	10	1	10	20	20	5	7
自动线	150	50	3	1	20	1	10	30	30	5	9
柔性线	200	50	4	1	0	0	10	40	40	5	10

注:① 安装周期为 0,表示即买即用;

② 计算投资总额时,若安装周期为 0,则按 1 季算;

③ 不论何时出售生产线,价格为残值,净值与残值之差计入损失;

④ 只有空生产线方可转产;

⑤ 当年建成生产线需要交维修费;

⑥ 折旧(平均年限法):建成当年不提折旧;

⑦ 当生产线净值等于残值时不再计提折旧,并满足:(折旧时间-1)×折旧费+残值=投资总额。

(二) 生产线相关决策分析

那么，我们应当选择何种生产线？生产线应当在何时开始建设？这也需要符合企业战略。同时要注意，生产线的折旧开始时间、生产线与产品的搭配等问题。

(1) 注意生产线的开始建设时间。根据规则我们知道，生产线建成当年需要交维修费且建成当年不提折旧，下一年开始计提折旧。因此，在建设生产线时，最好可以在某年的第四季度结束后、下一年第一季度开始时完成生产线的建设。这样，在建设的年度，由于生产线还没有建成，因此可以不交维修费，下一年度为建成的第一年，因此只需要交维修费，不需要计提折旧，再下一个年度才计提折旧。这样可以最大限度保证前面年度的利润金额。表 6-4 分析了自动线的两种不同建设情形。

表 6-4　自动线不同建设情形分析表

	第一年				第二年	第三年
	第一季度	第二季度	第三季度	第四季度		
情形 1	建设	建设	建设	支付维修费	支付维修费+提折旧	支付维修费+提折旧
情形 2		建设	建设	建设	支付维修费	支付维修费+提折旧

因此，一般柔性线应从第一季度开始建设，自动线应从第二季度开始建设，半自动线应从第四季度开始建设，手工线和租赁线应当在使用时购置，并且尽量从年初开始使用。

(2) 注意生产线与产品的搭配。一般来说 P1 属于低端产品，毛利较低，P4 属于高端产品，毛利较高。通常我们有一个一般性认识，即高端产品使用高端生产线生产，低端产品使用低端生产线进行生产。结合市场均价预测表(见表 6-5)和产品信息表(见表 6-6)分析可知：假设使用高端的柔性线生产低端的 P1 产品(见图 6-2)，那么一个大厂房安装 4 条柔性线，厂房租金为 40 万元/年，一条柔性线的折旧为 40 万元/年，维修费为 10 万元/年，企业的管理费为每季度 10 万元，此时将产生 280 万元(40 万元×4+10 万元×4+40 万元+10 万元×4)的固定成本。

图 6-2　生产线新建界面

笔记

表6-5 市场均价预测表

(单位：万元)

序号	年份	产品	本地	区域	国内	亚洲
1	第2年	P1	49.97	51.46	0	0
2	第2年	P2	70.23	67.83	0	0
3	第2年	P3	90.04	87.31	0	0
4	第2年	P4	104.54	107.77	0	0
5	第3年	P1	49.86	50.96	49.79	0
6	第3年	P2	71.83	71.13	70.64	0
7	第3年	P3	93.06	92.87	92.65	0
8	第3年	P4	102.44	106.11	108.72	0
9	第4年	P1	49.58	48.58	50.97	48.09
10	第4年	P2	68.78	71.76	72.4	68.67
11	第4年	P3	92.39	89.68	91	88.96
12	第4年	P4	102.5	100.46	99.62	105.27

表6-6 产品信息表

名称	加工费/万元	每季开发费/万元	开发时间/季	直接成本/万元	分值	物料清单
P1	10	10	2	20	7	R1
P2	10	10	3	30	8	R2、R3
P3	10	10	4	40	9	R1、R3、R4
P4	10	10	5	50	10	R2、R2、R3、R4

　　P1产品的第二年均价为43万元左右，一个P1产品的变动成本为20万元，一个产品的毛利约23万元。第二年，柔性线全开工状态下，最多可销售3个产品(第四季度生产的产品，在下年一季度才能出售)，此时一个大厂房4条柔性线可以生产销售12个产品。通过计算可知，销售P1产品的总毛利为276万元(23万元×12)。

　　将总毛利与固定成本相比，发现总毛利低于例中的固定成本。进一步分析，要销售12个P1产品，还需要开拓市场，支付广告费，根据资金安排还需要支付利息费用等各项支出。可以看出，安排高端的柔性线去生产低端的P1产品，将出现销售越多，亏损越多的情形。

　　(3) 注意生产线的增加和更换。一般来说，建设的生产线不可能一下子达到最理想的状态，前期缺少资金时，可能建设了较便宜但生产速度较慢的手工线。后期资金量增加后，一方面应当增加厂房，增加生产线；另一方面，可将手工线卖掉，更换为自动线或柔性线。评判最终成绩时，不同生产线的分值也是不同的，如果最终能够达到16条柔性线，便可在生产线这项上获得较高分数。

笔记

【说明】

选择生产线时，一般来讲，手工线的容错率较高，因此，在国赛的赛场上，手工线开局是十分常见的。很多团队会在第一年第三季度建设手工线，并在第二年第一季度开始销售，这样在第二年选单时，便不太受交货期的影响，可以选择交货期为 1 季度的单价更高的订单。

较常用的生产线开局方式有：2 条自动线＋2 条柔性线，8 条手工线，12 条手工线等。除此之外，个别规则使用全租赁线的全租开局也是不错的选择，需要结合具体规则进行分析。

三、产品相关决策

(一) 产品相关规则

通常，在规则中(见表 6-7)会提供 4～5 种规格的产品供选择，有时某种产品可能是用于生产其他产品的半成品。不同规格的产品，其开发时间、BOM(物料清单)、分值等均不相同。

表 6-7　产品规则

名称	加工费/万元	每季开发费/万元	开发时间/季	直接成本/万元	分值	物料清单
P1	10	10	2	20	7	R1
P2	10	10	3	30	8	R2、R3
P3	10	10	4	40	9	R1、R3、R4
P4	10	10	5	50	10	R2、R2、R3、R4

开发费用在季末平均支付，不允许加速投资，但可以中断投资。

(二) 产品相关决策分析

那么，我们应当选择生产哪些产品呢？这同样需要与企业战略相配合。同时要注意各个产品的市场预测情况和竞争强度对产品选择的影响。

(1) 合理对待市场竞争。有的小组对市场竞争呈现规避态度，用间谍程序搜索情报后，可能会自动选择没什么人生产的产品作为自己的主打产品。其实，越是充满竞争的市场，该市场中产品的毛利可能越高，越有利可图，性价比越高，所以我们应当积极应对市场竞争，而不是看到市场竞争就回避。

(2) 合理选择产品。通常，P1 是利润较低的产品，通过本量利分析，可能选择任何一种生产线，产品收入都无法高于成本费用，此时，应放弃 P1 产品。即使没有人生产 P1 产品，我们也不能生产 P1 产品，越生产可能亏损越多。P4 作为高端产品，有时在第 2 年可能没有订单，或订单非常少，只能容纳个别组生产销售，此时，我们如果仅开发 P4 产品进行生产和销售，风险就很大。所以，一般第一年，我们会选择 2～3 个产品进行研发。

笔记

【说明】

第一年，一般开发 P2 和 P3 产品，充分进行市场竞争，能在前期的竞争中生存下来，并且挤压其他对手的市场，直至其他对手破产，后续市场就会非常广阔。一般到第 5、6 年时，需要遍地开花，增加销售的可变性，以增加选单容错率，降低风险。

任务三　分析企业营销

知识准备与业务操作

一、广告投放相关决策

(一) 广告投放相关规则

通常，每个市场(每个产品的每个子市场为一个市场)的最小得单广告额为10万元，每增加20万元可增加一次选单机会。

(二) 广告投放相关决策分析

那么，我们应当选择如何投放广告呢？广告投放过程中有许多规则中没有准确说明的细节，需要特别注意。

(1) 要注意广告投放市场。投放广告(见图6-3)时，通常所有格子都可以填写广告金额数字，此时一定要注意我们需要在什么市场给什么产品投放广告，由于广告不能混用，因此要注意投放位置是否正确。

图6-3　广告投放界面

(2) 注意广告投放金额。由于最小得单广告额为10万元，因此投放的广告低于10万元是没有任何意义的，要注意广告投放的金额必须大于10万元。规则显示，每增加20万元可增加一次选单机会,也就是说,投放30万元广告时可以选2次订单,那么是否表示广告只能投放10万元或30万元,投放15万元没有任何意义呢?并非如此,如果广告投放金额高,则可以排在前面优先选单。因此,在投放广告时,需要观察对手的广告投放习惯和心理。例如,其他对手不注重广告投放金额,那么我们投放11万元广告,其他人投放10万元广告,我们就可以1万元的代价获得优先选单的资格。

(3) 注意不同市场的广告投放。通常,国内市场的均价高于本地和区域市场,市场层级越高,产品均价越高。同时,一般国内市场的产品需求数量明显小于本地和区域市场,市场层级越高,产品需求数量越少。因此,我们需要通过间谍程序,分析有多少个组可能会与我们在同一细分市场中进行竞争,对方通常会采用高额投放的战略还是低额投放的战略?通过分析,要进行广告投放决策,决定在哪一个细分市场多投广告抢单、哪一个细分市场少投广告捡单、哪一个细分市场不投广告。

(4) 注意广告投放的限额。受财务资金状况的制约,广告投放通常会有总金额的上限。根据本量利分析,在订单收入确定、其他支出确定的情况下,利润为0的广告投放量是广告投放金额的上限。切忌盲目追求高额广告投放,追求第一个进入市场选单,有时捡单也是不错的选择。

【说明】

广告投放要有侧重,有抢单市场,有捡单市场,尽量压缩广告投放开支,花小钱办大事。

二、选单相关决策

(一) 选单相关规则

通常,选单会有时间限制,选单时间可能为50秒,而市场同开数量一般为2,也就是说会有两个市场同时开放。

(二) 选单相关决策分析

是不是选的订单越多越好呢?答案当然是否定的。首先,选择的订单中的产品数量要与产能相匹配,如果选择的订单数量过多,超过了产能,就会造成产品紧急采购或违约,而产品紧急采购和违约都会造成额外支出。如果选择的订单数量过少,远低于产能,就会造成产品积压,使得企业利润上不去,可能导致企业破产。因此,理想状态为,所选订单与生产产能完全匹配,这就需要我们提前进行规划。

(1) 注意选单时间。选单开始后,应当首先观察不同市场中本小组的排名。排名靠前的市场应当先关注,同时应当来回切换正在选单的市场,以免发生超时未选单的情形。

(2) 考虑上一年第四季度的生产安排。如果我们使用了柔性线,虽然柔性线可以任意转产,但是本年第一季度销售的商品,取决于上一年第四季度生产线生产的安排,此时,第一季度可销售的商品就是确定的,并不是可变的,因此在选单时,需要将其设定为固定

产品而非可变产品。

(3) 注意产品的可销售时间。生产是需要时间的,并不是本季度开始生产某个产品,该产品在本季度就可直接销售。例如:自动线的生产周期为一个季度,也就是说第一季度开始上线生产的产品,第二季度才能下线用于销售、交付订单。手工线的生产周期为两个季度,也就是说,第一季度开始上线生产的产品,第三季度才能下线用于销售、交付订单。因此,在选单时,需要考虑的是产品的下线时间,而非产品的开始生产时间。

(4) 制作专门用于选单的表格。假设我们现在有 2 条自动线、2 条柔性线进行生产,并且其中 1 条自动线用来生产 P2 产品,1 条自动线用来生产 P3 产品。并且,在上一年第四季度,一条柔性线生产 P2 产品,一条柔性线生产 P3 产品。那么我们可以在表格中标注清楚生产线条数,以及固定产品的产能情况,并通过空格来体现可变产能。此时,如果我们在市场上选择了一个交货期为第四季度、数量为 6 的 P2 产品的订单。我们就要划去相应的产能。通常,从最长交货期划起,从不能转产的生产线或已经固定的产能划起。本例中,我们先划掉 P2 自动线的全部产能,此时仍不够交单,那么再划掉已经确定生产 P2 的柔性线的第一季度的产能。仍然不够,那么再划掉一条柔性线的第四季度的产能,这样就占用了 6 个位置的产能。后续继续选单时,我们就知道这 6 个产能已经被占用了,还剩下 10 个产品的产能,其中 5 个为 P3 产品的产能,5 个可变产能,如表 6-8 所示。这样便于我们一目了然进行选单。

表 6-8 选单表格举例(1)

时间	自动线(P2)	自动线(P3)	柔性线	柔性线
第一季度	~~P2~~	P3	~~P2~~	P3
第二季度	~~P2~~	P3	☐	☐
第三季度	~~P2~~	P3	☐	☐
第四季度	~~P2~~	P3	~~P2~~	☐

(5) 注意紧急采购对选单的影响。在选单时,还应当注意由于交货期的不同,可能涉及产能安排时间调整的问题,例如,如果上述订单的交货期为第二季度,而非第四季度交货,则产能的确定方法如表 6-9 所示,这时会发现,当前仅能满足 5 个 P2 产品在第二季度交货,如果选这张订单,就需要紧急采购一个 P2 产品。如果分析后发现,该订单产品数量大、毛利高,紧急采购可行,那么紧急采购商品的数量,不能在产能表中划去,不能将紧急采购产能当作正常产能看待,以免造成少选单的情形。

表 6-9 选单表格举例(2)

时间	自动线(P2)	自动线(P3)	柔性线	柔性线
第一季度	~~P2~~	P3	~~P2~~	P3
第二季度	~~P2~~	P3	~~P2~~	~~P2~~
第三季度	P2	P3	☐	☐
第四季度	P2	P3	☐	☐

笔记

(6) 注意新增生产线产能对选单的影响。选单时，不要忘记给规划好的新增生产线选取订单。同时，由于新增生产线大部分会在下年第一季度开始生产，在第二季度才能进行销售，因此在划单时，应当注意第一季度的销售情况。

【说明】

选单时，系统支持每个市场将订单按照产品数量、单价、总金额等指标进行排序。需要根据投放广告可以选单的次数，分析选单最主要应考虑的因素是什么，是保证销量，还是保证利润，并根据主要考虑因素进行排序，快速选单。

笔记

任务四 分析生产布局

—— 知识准备与业务操作 ——

一、排产相关决策

(一) 排产的定义

排产即安排生产计划。企业的生产计划对生产任务作出统筹安排,具体拟定生产产品的品种、数量、质量和进度。生产计划是企业经营计划的重要组成部分,是企业进行生产管理的重要依据。排产既是实现企业经营目标的重要手段,也是组织和指导企业生产活动的有计划进行的依据。

(二) 排产相关决策分析

我们应当如何安排生产呢?生产计划的安排,需要生产岗位人员与市场岗位人员密切配合,根据订单的产品数量、交货期、收账期等要素合理安排生产。以保证生产达到最佳状态,避免生产出错误的产品;能够按时交付订单,避免订单违约;同时,能够使销售回款最快速。

(1) 确定销售计划。选单结束后,市场岗位人员应当尽快将统计好的订单情况反馈给生产岗位人员。市场岗位人员可将订单详细信息逐一写在订单登记表(见表6-10)内,传递给生产岗位人员。

表 6-10 订单登记表

序号	市场	产品	数量	交货期	应收款账期	销售额	成本	毛利
1								
2								
3								
4								
5								
6								

生产岗位人员应当先结合订单的交货期和账期合理安排销售计划,将销售计划填写在销售计划表中。交货期受限时,应当先考虑交货期;交货期不受限时,应当优先考虑账期

短的订单先安排生产和交货。当交货期、账期均相同时，优先考虑利润高或总价高的订单安排生产。同时，应当注意，第 1 季度可供销售的商品来源于上一年第 4 季度的生产安排，是已经确定无法改变的。例如：我们在订货会上选择了 4 个订单，相关信息如下。

- 订单 1：产品 P2，交货期第 4 季度，数量 6，账期 3，单价 75 万元，总价 450 万元。
- 订单 2：产品 P2，交货期第 4 季度，数量 5，账期 1，单价 69 万元，总价 345 万元。
- 订单 3：产品 P3，交货期第 2 季度，数量 2，账期 2，单价 120 万元，总价 240 万元。
- 订单 4：产品 P3，交货期第 4 季度，数量 3，账期 1，单价 117 万元，总价 351 万元。

并且，上一年第 4 季度已经安排一条柔性线生产 P2 产品，一条柔性线生产 P3 产品。那么，我们可以将销售计划安排如下。

首先安排交货期短的订单，即订单 3。此时，可以安排生产 P3 的自动线前两个季度生产的产品完成订单 3 的交货，也可以安排生产 P3 的自动线和上一年第 4 季度已经生产 P3 产品的柔性线完成订单 3 的交货。但是，选择后一种安排，可在第 1 季度完成订单 3 的交货，可以更快地回款，而选择前一种安排，到第 2 季度才能完成订单的交货。因此，最终确定订单 3 的销售计划，如表 6-11 所示。

表 6-11 销售计划表格举例(订单 3)

时间	自动线(P2)	自动线(P3)	柔性线	柔性线
第 1 季度		订单 3-P3		订单 3-P3
第 2 季度				
第 3 季度				
第 4 季度				

接着，安排账期短的订单 2 和订单 4(见表 6-12、表 6-13)，相比之下，订单 4 的总价更高，如果回款，可给企业带来 351 万元的现金流，因此首先安排订单 4，再安排订单 2，即订单 4 靠前销售，订单 2 靠后销售。同时，需要考虑到，P3 产品的总销量为 5 个，即为一条自动线的满产产能和一条柔性线 1 个季度的固定产能，此时，为保证产品按订单交付，P3 产品不能再占用其他柔性线的产能。

表 6-12 销售计划表格举例(订单 4)

时间	自动线(P2)	自动线(P3)	柔性线	柔性线
第 1 季度		订单 3-P3		订单 3-P3
第 2 季度		订单 4-P3		
第 3 季度		订单 4-P3		
第 4 季度		订单 4-P3		

表 6-13 销售计划表格举例(订单 2)

时间	自动线(P2)	自动线(P3)	柔性线	柔性线
第 1 季度	订单 2-P2	订单 3-P3	订单 2-P2	订单 3-P3
第 2 季度	订单 2-P2	订单 4-P3	订单 2-P2	订单 2-P2
第 3 季度		订单 4-P3		
第 4 季度		订单 4-P3		

笔记

在本案例中，订单 1 与订单 2 相比，总价更高，利润也更高，如果账期相差较小，而总价相差较大，可以优先考虑先销售账期较长而总价较高的订单。但是在本案例中，从销售计划表格可以看出，订单 2 的销售数量为 5 个，先排产订单 2，就可以在第 2 季度完成订单 2，进行交货。而订单 1 的销售数量为 6 个，如果先排产订单 1，则还有 1 个产品无法在第 2 季度完成，需要在第 3 季度才能实现订单的交货。因此，本例中最终的销售计划表格如表 6-14 所示。

表 6-14 销售计划表格举例

时间	自动线(P2)	自动线(P3)	柔性线	柔性线
第 1 季度	订单 2-P2	订单 3-P3	订单 2-P2	订单 3-P3
第 2 季度	订单 2-P2	订单 4-P3	订单 2-P2	订单 2-P2
第 3 季度	订单 1-P2	订单 4-P3	订单 1-P2	订单 1-P2
第 4 季度	订单 1-P2	订单 4-P3	订单 1-P2	订单 1-P2

(2) 确定生产计划。根据制订好的销售计划，结合生产线的生产周期，便可以快速确定生产计划。结合例中的有关信息，本例最终的生产计划表确定如表 6-15 所示。

表 6-15 生产计划表格举例

时间	自动线(P2)	自动线(P3)	柔性线	柔性线
上年第 4 季度	P2	P3	P2	P3
第 1 季度	P2	P3	P2	P2
第 2 季度	P2	P3	P2	P2
第 3 季度	P2	P3	P2	P2

(3) 安排本年期末生产计划。可以看出，本年订单选定后，相应的本年第 1~3 季度的生产安排也就确定了。本年度第 4 季度的生产安排，不会影响本年度的选单，而会对下一年的订单选择造成影响。因此，需要总经理、市场岗位人员与生产岗位人员结合企业规划综合考虑，合理安排第 4 季度的生产计划。如果我们分析发现，目前 P3 产品的竞争程度一般，且 P3 产品毛利较高，我们下一年度想要主打生产和销售 P3 产品，那么此时，就需要提前规划和布局。确定第 4 季度的生产计划，如表 6-16 所示。

表 6-16 生产计划表格举例(年度)

时间	自动线(P2)	自动线(P3)	柔性线	柔性线
上年第 4 季度	P2	P3	P2	P3
第 1 季度	P2	P3	P2	P2
第 2 季度	P2	P3	P2	P2
第 3 季度	P2	P3	P2	P2
第 4 季度	P2	P3	P3	P3

(4) 新增生产线生产计划安排。注意考虑新增的生产线的产能安排，同时生产岗位人员需要将新增加生产线的产能安排信息传递给采购岗位人员。

【说明】

制订生产计划时,我们的思路始终是"以销定产",需要先确定销售计划,再根据销售计划确定生产计划。制订销售计划时,可能存在多种可行的组合,需要根据订单的交货期、账期、产品数量等因素,综合考虑,确定一个最优的计划。

如果使用柔性线,那么可能需要在某些季度安排生产线的转产,在系统操作时一定要小心、谨慎,确定已经完成转产后再进行生产,避免因失误造成经营计划被打乱。

二、原料采购相关决策

(一) 原料采购相关规则

通常,提交购买申请后原料并不能立即到货,而是需要一定的运输时间,才能到达采购人手中。因此,为保证原料的及时使用,我们需要提前订购原料,原料由订购到入库的时间,就是原料采购的提前期。如果紧急需要原料,等不到原料按时到货,这时可以进行原料的紧急采购,紧急采购原料的费用往往是原价的 2~3 倍,造成产品生产成本的增加。表 6-17 为采购规则举例。

表 6-17 采购规则举例

名称	购买单价/万元	提前期/季
R1	1	1
R2	1	1
R3	1	2
R4	1	2

注:① 紧急采购,付款即到货,原料价格为直接成本的 2 倍;
② 成品价格为直接成本的 3 倍。

(二) 原料采购相关决策分析

我们应当如何安排原料的采购呢?通常,在采购原料时,最希望做到的就是需要使用时刚好有合适数量的原料到货,原料既能够满足生产需要,又不会产生库存,造成不必要的资金占用。这其实就是我们常说的准时化采购(JIT 采购)原则。

JIT 采购是由准时化生产(just in time)管理思想演变而来的。它的基本思想是:将合适的产品,以合适的数量和合适的价格,在合适的时间送达合适的地点,最好地满足用户需要。准时化采购和准时化生产一样,不仅能最好地满足用户需要,还可以极大地消除库存、最大限度地消除浪费。JIT 采购极大地精简了采购作业流程,有效地提高了工作效率。小批量采购是 JIT 采购的一个基本特征。

那么,如何确定原料的需求数量和时间呢?这就需要我们做到"以产定耗",根据生产需要,确定原料需求。

(1) 确定原料需求情况。采购岗位人员,需要根据生产岗位人员传递来的生产计划表,

笔记

结合产品的 BOM，分解和汇总需要的原料。例如，本年度的生产计划如表 6-18 所示，产品的 BOM 情况如表 6-19 所示。

表 6-18 生产计划表格举例(年度)

时间	自动线(P2)	自动线(P3)	柔性线	柔性线
第 1 季度	P2	P3	P2	P2
第 2 季度	P2	P3	P2	P2
第 3 季度	P2	P3	P2	P2
第 4 季度	P2	P3	P3	P3

表 6-19 产品 BOM 规则举例

名称	加工费/万元	每季开发费/万元	开发时间/季	直接成本/万元	分值	产品的原料组成
P1	—	—	2	—	10	R4
P2	—	—	3	—	10	R2、R3
P3	—	—	4	—	10	R1、R3、R4
P4	—	—	5	—	10	R1、R2、R4、R4

根据分析，可将材料的需求情况填写在表 6-20 中。

表 6-20 材料需求情况

时间	产品生产情况	R1	R2	R3	R4
第 1 季度	3 个 P2，1 个 P3	1	3	3+1	1
第 2 季度	3 个 P2，1 个 P3	1	3	3+1	1
第 3 季度	3 个 P2，1 个 P3	1	3	3+1	1
第 4 季度	1 个 P2，3 个 P3	3	1	1+3	3

(2) 确定原料购买需要。根据原料的需求情况和原料的订货提前期，确定原料的购买需求。结合举例情况和原料的订货提前期有关规则，可知原料的购买需求如表 6-21 所示。

表 6-21 原料购买需求

时间	R1	R2	R3	R4
上年第 3 季度			3+1	1
上年第 4 季度	1	3	3+1	1
第 1 季度	1	3	3+1	1
第 2 季度	1	3	1+3	3
第 3 季度	3	1		
第 4 季度				

(3) 库存原料冲销。根据表 6-21 可知，原料需要提前购买，因此，上一年第 3、4 季度的原料订购下单数量，可能与实际的需求量有出入，有可能多进行了采购，因此我们需要考虑当时多订购的原料数量，修正后续的原料订购。例如，在上一年，还无法预计下一年第 1、2 季度的生产情况，但是 4 条生产线中，有 2 条自动线，其生产情况已经确定，会发

生变化的是 2 条柔性线的生产情况。此时，为保险起见，可按最大可能准备原料，也就是说，可按假设每个季度每条柔性线既生产 P2 又生产 P3 的情况准备原料。此时，会在上一年的第 3、4 季度下 2 倍原料订单。即第 3、4 季度，按照下一年第 1、2 季度分别生产 3 个 P2、3 个 P3 产品进行原料准备。同时，应当注意 P2 和 P3 都需要使用 R3 原料，且数量一致，因此无论柔性线生产 P2 还是 P3，只需要准备 1 份 R3 原料即可。这样就会造成原料的前期多余，我们需要修正后续的原料，冲销掉多余的库存，以避免原料剩余，如表 6-22 所示。

表 6-22　原料购买修正表格举例

时间	R1	R2	R3	R4
上年第 3 季度			3+1	1-3
上年第 4 季度	1-3	3	3+1	1-3
第 1 季度	1-0	3	3+1	1-0
第 2 季度	1-0	3	1+3	3-0
第 3 季度	3	1		
第 4 季度				

（4）后续生产准备。同样的道理，本年度第 3、4 季度也需要为下一年的生产进行准备。此时，不仅需要考虑下一年柔性线生产的变化，还需要考虑增加生产线的原料用量。考虑到下一年生产的可变性，一般会为可变的产能多准备 2～3 个产品的原料。假设我们不考虑新增生产线，仍然按照每条生产线下年第 1、2 季度既可以生产 P2 又可以生产 P3 准备，则年度原料采购计划如表 6-23 所示。

表 6-23　年度原料采购计划表格举例

时间	R1	R2	R3	R4
第 1 季度	0	3	4	0
第 2 季度	0	3	4	0
第 3 季度	3	1	4	3
第 4 季度	3	3	4	3

【说明】

原料采购计划的安排，计算比较繁杂，容易出现漏算、多算等情形，但其原理并不复杂，因此需要采购岗位人员熟练操作，并有足够的耐心，与其他岗位密切配合，为企业争取最大利益。

笔记

任务五 分析资金管理

—— 知识准备与业务操作 ——

一、预算管理

(一) 预算管理概述

预算管理是一项管理活动,指企业以战略目标为导向,通过对未来某个期间内的经营活动和相应的财务结果进行全面预测和筹划,科学、合理配置企业各项财务和非财务资源,对执行过程进行监督和分析,对执行结果进行评价和反馈,指导经营活动的改善和调整,进而推动实现企业战略目标。

预算管理的内容主要包括经营预算、专门决策预算和财务预算。

经营预算(也称业务预算)指与企业日常业务直接相关的一系列预算,包括销售预算、生产预算、采购预算、费用预算、人力资源预算等。

专门决策预算指企业重大的或不经常发生的,需要根据特定决策编制的预算,包括投融资决策预算等。

财务预算指与企业资金收支、财务状况或经营成果等有关的预算,包括资金预算、预计资产负债表、预计利润表等。

企业进行预算管理,一般遵循以下原则。

(1) 战略导向原则。预算管理应围绕企业的战略目标和业务计划有序开展,引导各预算责任主体聚焦战略、专注执行,从而达成绩效。

(2) 过程控制原则。预算管理应通过及时监控、分析等把握预算目标的实现进度并实施有效评价,为企业经营决策提供有效支撑。

(3) 融合性原则。预算管理应以业务为先导,兼顾财务,将预算管理嵌入企业经营管理活动的各个领域、层次、环节。

(4) 平衡管理原则。预算管理应平衡长期目标与短期目标、整体利益与局部利益、收入与支出、结果与动因等关系,促进企业可持续发展。

(5) 权变性原则。预算管理应刚性与柔性相结合,强调预算对经营管理的刚性约束,还可根据内外环境的重大变化调整预算,并针对例外事项进行特殊处理。

笔记

(二) 预算管理在模拟企业经营中的应用分析

企业经营破产的原因通常有两种。一是经营不善，一直亏损，直到将所有者权益都亏损完，所有者权益为负，此时资不抵债，企业就会破产；二是企业经营并没有大问题，但是遇到了紧急情况，突然需要使用许多现金，此时，如果企业资产以厂房、生产线等非流动资产为主，缺乏流动性，无法快速变现，或快速变现损失较大，同时举债困难，就可能造成资金链断裂，导致企业破产。可见，保证资金够用对于企业来说意义重大。那么资金是不是越多越好呢？显然也并不是。资金过多就会引起资源的浪费，毕竟任何资源都是有成本的，即使是企业自己挣的钱(也就是留存收益)也有成本，留存收益的资本成本与不含发行费用的普通股资本成本相同，比借款的资本成本往往还要高。

那么，企业持有多少资金最合理呢？可以既不造成浪费，又不会短缺不够用。这就需要我们用好资金预算表，做好资金预算。

(1) 注意运营的关键节点。有一些关键运营节点，表面看起来并不会产生什么资金的支出，但在实际操作中，很多团队单击这些按钮后，突然就被提示破产了。原因往往是操作时，没有关注按钮的操作提示界面。

单击"当季开始"按钮后(见图6-4)，系统会更新短期贷款(上年同一季度申请的短期贷款)。在本季当季开始后，系统会扣掉短期贷款的本金和利息。

图6-4 "当季开始"操作详情

单击"更新原料"按钮后(见图6-5)，系统会扣掉之前订购、本季度到货的材料所需支付的金额。在实际操作中，订购原料时是不扣除资金的，因此，部分团队会觉得买原料不花钱，于是一次性购买了几十个，甚至几百个原材料。在过了采购提前期、原材料到货时，团队才猛然发现，天下没有免费的午餐。

图 6-5 "更新原料"操作详情

单击"应收款更新"按钮后(见图 6-6),应收款账期会更新,之前剩余账期为 1 个季度的应收账款此时会回款变成现金。并不是产品销售之后,就可以立即得到现金,许多订单的账期都不是 0 期,也就是说,销售产品后需要等待一定时间才能得到现金。有些订单的账期可能有 4~6 个季度之久,回款时间可能要到下一年或者下下年,远水难解近渴。所以,"销售产品之后,企业立即就会有钱,马上就可以进行新的购置"这样的想法是完全错误的。

图 6-6 "应收款更新"操作详情

单击"当季结束"按钮后(见图 6-7),系统会扣除行政管理费,通常为每季度 10 万元;也会进行厂房续租,如果多个厂房都是第 1 季度租赁的,那么下一年的第 1 季度,系统就会同时扣除多个厂房的租金。

图 6-7 "当季结束"操作详情

单击"当年结束"按钮后(见图 6-8),系统不仅会扣掉行政管理费、厂房租金,还要扣除设备的维修费及未交付订单的违约金。

图 6-8 "当年结束"操作详情

填写完广告金额,单击"确认"按钮后(见图 6-9),不仅需要支付广告费,还要扣除本年的所得税,同时扣除长期借款的利息,如果长期借款到期了,还要扣除长期借款的本金。

图 6-9 投放广告操作详情

可见,许多操作可能在不经意间,就扣走了很多钱,如果不进行资金流的合理预算,就可能感觉企业的资金莫名其妙就没有了,其实每笔扣款都是有迹可循的。

(2) 用好资金预算表格。通过分析,我们知道了资金预算的重要性。使用资金预算表格,可以帮助我们快速做好资金预算。根据企业本年的规划和安排,将每一笔收支提前填入相应表格中。通过计算,观察表格中关键节点是否出现了现金流为负数的情形,合理安排资金筹集,如图 6-10 所示(图中的加斜线部分表示不可操作)。

笔记

年初现金盘点				
申请长期贷款				
季初现金盘点(请填余额)				
更新短期贷款/还本付息				
●更新生产/完工入库				
●生产线完工				
申请短期贷款				
更新原料库(购买到期的原料，更新在途原料)				
●订购原料				
购租厂房(选择厂房类型，选择购买或租赁)				
新建生产线(选择生产线类型及生产产品种类)				
在建生产线(生产线第二、三、四期的投资)				
生产线转产(选择转产产品种类)				
出售生产线				
开始下一批生产(空置的生产线开始新一轮生产)				
更新应收款(输入从应收款一期更新到现金库的金额)				
●按订单交货				
厂房处理				
产品研发投资				
支付行政管理费				
新市场开拓				
ISO 资格认证投资				
支付设备维修费				
●计提折旧				
违约扣款				
紧急采购(随时进行)				
出售库存(随时进行)				
应收款贴现(随时进行)				
贴息(随时进行)				
其他现金收支情况登记(根据需要填写)				
期末现金对账(请填余额)				

图 6-10　资金预算表

笔记

资金预算表根据企业的经营步骤,按照多步法进行计算,并有下列恒等关系:
- 第1季度季初现金盘点＝年初现金盘点＋申请长期贷款
- 期末现金对账＝季初现金盘点－更新短期贷款/还本付息＋申请短期贷款－更新原料库－购租厂房－新建生产线－在建生产线－生产线转产＋出售生产线－开始下一批生产＋更新应收款＋厂房处理－产品研发投资－支付行政管理费－新市场开拓－ISO 资格认证投资－支付设备维修费－违约扣款－紧急采购＋出售库存＋应收款贴现－贴息
- 本季初现金盘点＝上季期末现金对账

其中,更新生产/完工入库、生产线完工、订购原料、按订单交货、计提折旧(图 6-10 中画有圆圈的项目)等步骤不产生现金收支,不需要填写数字,其余部分我们需要在操作之前,就进行预先规划,填写好资金流入流出的金额。

特别要注意更新短期贷款/还本付息、更新原料库、更新应收款、支付行政管理费、期末现金对账(图 6-10 中方框圈住项目)这几个项目,它们分别对应于当季开始、更新原料、应收款更新、当季结束、当年结束等几个关键操作节点。一定要保证操作到这几个关键节点时,资金不断流,也就是说,必须保证用以下 5 个公式计算出的现金结余金额大于等于 0,不能为负数。

- 季初现金盘点－更新短期贷款/还本付息
- 季初现金盘点－更新短期贷款/还本付息＋申请短期贷款－更新原料库
- 季初现金盘点－更新短期贷款/还本付息＋申请短期贷款－更新原料库－购租厂房－新建生产线－在建生产线－生产线转产＋出售生产线－开始下一批生产＋更新应收款
- 季初现金盘点－更新短期贷款/还本付息＋申请短期贷款－更新原料库－购租厂房－新建生产线－在建生产线－生产线转产＋出售生产线－开始下一批生产＋更新应收款＋厂房处理－产品研发投资－支付行政管理费
- 期末现金对账

【说明】

通常,为了分散现金支出,我们可能会错开厂房的租赁时间。或者为了前期减少现金支出,选择租赁厂房而不是购买厂房。或者前期只研发部分(而非全部)商品。

二、融资相关决策

(一) 融资相关规则

通常,企业的融资途径有以下几种(见表 6-24)。

(1) 长期贷款:每年年初可贷款,年初付息、到期还本,一次贷款金额不小于 10 万元,年息一般为 10%左右。

(2) 短期贷款:每季度初可贷款,贷款时间为 1 年,到期一次还本付息,一次贷款金额不小于 10 万元,年息一般为 5%左右。一般而言,长短贷之和不超过上年权益的 3 倍,已经贷款但是超过的,不需要归还,但新的可贷款金额会受到限制。

笔记

(3) 其他方式：除了长短贷外，企业还可以通过资金贴现、库存拍卖、厂房处理、生产线变卖等方式进行融资。资金贴现比较常见，一般可以在任何时间进行，剩余 1 季、2 季的应收账款的贴现率为 10%；剩余 3 季、4 季的应收账款的贴现率为 12.5%。

表 6-24 融资规则举例

贷款类型	贷款时间	贷款额度	年息	还款方式	备注
长期贷款	每年年初	所有长短贷之和不超过上年权益的 3 倍	10%	年初付息到期还本	不少于 10 万元
短期贷款	每季度初		5%	到期一次还本付息	
资金贴现	任何时间	视应收款额而定	1 季、2 季：10% 3 季、4 季：12.5%	变现时贴息	1 季、2 季联合贴现（3 季、4 季同理）
库存拍卖	产品按成本价的 100%售出，原料按成本价的 80%售出				

（二）融资相关决策分析

那么，如果企业现在资金短缺，应当选择何种方式进行融资呢？一般来说，应当尽量选择资本成本较低的融资方式，但是同时应当注意财务风险。

(1) 一般不变卖资产。原因是库存产品拍卖只能按成本价销售，原料只能卖出成本价的 80%，生产线出售只能获得残值。不到万不得已，一般不进行库存和生产线的变卖，因为资金成本过高。

(2) 长短贷如何选择。一般在选择长短贷时，应当多次反复练习，寻找合适的长短贷比例。通常在前期，由于第一年没有任何销售收入，全部都是支出，净利润必然为负值，会使所有者权益下降。所有者权益下降后，就会对第二年的贷款总额产生一定影响。通常，不会在第一年第一季度进行短贷，因为第二年第一季度一般无力偿还该短贷。

同时，短贷是一个不断拆东墙、补西墙的过程，通过履带式短贷，我们就可以实现占用一定资金的目的。因此，一般来说，短贷不应一次贷款金额过大，而是平摊在一定的时间区间，例如本年一共需要 100 万元，我们一般每季度贷款 25 万元，以满足企业的资金需求。

此外，一般模拟企业的经营时间为 6 年，因此，我们一般在最后一年，也就是第 6 年时，将剩余的可贷款余额全部贷出，并用于购买厂房等资产，以增加团队的得分。这里要特别说明的是，只有建成的生产线才能加分。假设我们要在第 6 年新建生产线，以获得加分：如果要新建柔性线，由于建设周期为 4 个季度，在本年结束时将无法建成，无法加分；如果要新建自动线，则需要在第 1 季度开始，才能达到预期的效果。注意，此时新建成的生产线需要支付维修费，会使得所有者权益减少，反而可能使得总成绩减少。那么，应该如何决策呢？总成绩的计算公式为

总成绩＝所有者权益×(1＋企业综合发展潜力/100)

企业综合发展潜力＝市场资格分值＋ISO 资格分值＋生产资格分值＋厂房分值＋各条生产线分值

可见，综合发展潜力分数和所有者权益都会影响总成绩。根据经验，一般所有者权益超过 1500 万元后，综合发展潜力分数就显得更加重要，如果所有者权益小于 1500 万元，

那么所有者权益高低对最终总成绩的影响更大。因此,一般如果权益超过 1500 万元,我们就选择争取更多分数;如果权益低于 1500 万元,我们就选择先保权益。

(3) 可以进行应收款贴现。许多团队对应收款贴现非常抵触,认为自己好不容易挣到的钱,在支付贴息后才能收回,而且贴现率较高。其实,企业在前期销售收入有限,净利润较低,可贷款的总额有限,缺乏资金的融资途径。相对于处置资产,应收款贴现的资金成本较低,反而是一种很合适的融资渠道。厂房处理相当于将厂房原价出售,得到 4 个季度账期的应收款。因此,资金不足时,企业可以出售厂房,并在出售后进行应收款的贴现。

笔记

任务六　分析盈利能力

知识准备与业务操作

一、盈利能力相关财务指标

盈利能力是指企业获取利润的能力，也称为企业的资金或资本增值能力，通常表现为一定时期内企业收益数额的多少及其水平的高低。盈利能力指标主要包括营业利润率、成本费用利润率、盈余现金保障倍数、总资产报酬率、净资产收益率和资本收益率 6 项。

扩展资料：盈利能力

（一）营业利润率

营业利润率是企业一定时期营业利润与营业收入的比率，其计算公式为

$$营业利润率 = 营业利润/营业收入 \times 100\%$$

营业利润率越高，表明企业市场竞争力越强，发展潜力越大，盈利能力越强。在实务中，也经常使用销售毛利率、销售净利率等指标来分析企业经营业务的获利水平。其计算公式分别为

$$销售毛利率 = (销售收入 - 销售成本)/销售收入 \times 100\%$$

$$销售净利率 = 净利润/销售收入 \times 100\%$$

（二）成本费用利润率

成本费用利润率是企业一定时期利润总额与成本费用总额的比率，其计算公式为

$$成本费用利润率 = 利润总额/成本费用总额 \times 100\%$$

其中，成本费用总额的计算公式为

$$成本费用总额 = 营业成本 + 税金及附加 + 销售费用 + 管理费用 + 财务费用$$

成本费用利润率越高，表明企业为取得利润而付出的代价越小；成本费用控制得越好，盈利能力越强。

(三) 盈余现金保障倍数

盈余现金保障倍数是企业一定时期经营现金净流量与净利润的比值，反映了企业当期净利润中现金收益的保障程度，真实反映了企业盈余的质量。其计算公式为

$$盈余现金保障倍数＝经营现金净流量/净利润$$

一般来说，当企业当期净利润大于 0 时，盈余现金保障倍数应当大于 1。该指标值越大，表明企业经营活动产生的净利润对现金的贡献越大。

(四) 总资产报酬率

总资产报酬率是企业一定时期内获得的报酬总额与平均资产总额的比率，反映了企业资产的综合利用效果。其计算公式为

$$总资产报酬率＝息税前利润总额/平均资产总额×100\%$$

其中，息税前利润总额的计算公式为

$$息税前利润总额＝利润总额＋利息支出$$

一般情况下，总资产报酬率越高，表明企业的资产利用效益越好，整个企业的盈利能力越强。

(五) 净资产收益率

净资产收益率是企业一定时期净利润与平均净资产的比率，反映了企业自有资金的投资收益水平。其计算公式为

$$净资产收益率＝净利润/平均净资产×100\%$$

其中，平均净资产的计算公式为

$$平均净资产＝(所有者权益年初数＋所有者权益年末数)/2$$

一般认为，净资产收益率越高，企业自有资本获取收益的能力越强，运营效益越好，对企业投资人、债权人利益的保证程度越高。

(六) 资本收益率

资本收益率是企业一定时期净利润与平均资本(即资本性投入及其资本溢价)的比率，反映企业实际获得投资额的回报水平。其计算公式为

$$资本收益率＝净利润/平均资本×100\%$$

其中，平均资产的计算公式为

$$平均资本＝(实收资本年初数＋资本公积年初数＋实收资本年末数＋资本公积年末数)/2$$

笔记

二、盈利能力分析

通常，不同行业的营业利润率、成本费用利润率、总资产报酬率等指标会有一个大致的均值，因此，每次模拟经营结束，我们可以通过间谍组件保存优胜组的相关财务数据，对其各年的盈利能力、各项财务指标进行分析，同样，也可以对其各年的偿债能力、营运能力、发展能力等财务指标进行分析，以寻找规律，进而对企业的融资方式、产品、市场、生产线等安排提供指导意见。

除了单个财务数据外，我们也可以采用杜邦分析法等财务分析方法对企业进行分析。"知己知彼、百战不殆。"只有不断了解竞争对手，学习竞争对手做得好的地方，才能在竞争中脱颖而出，赢得胜利！

笔记

附录 A 市场预测表

附录 A 中列出的都是市场预测表，每个预测表中给出 20 组预测结果。

表 A-1 均价

序号	年份	产品	本地	区域	国内	亚洲
1	第 2 年	P1	49.97	51.46	0	0
2	第 2 年	P2	70.23	67.83	0	0
3	第 2 年	P3	90.04	87.31	0	0
4	第 2 年	P4	104.54	107.77	0	0
5	第 3 年	P1	49.86	50.96	49.79	0
6	第 3 年	P2	71.83	71.13	70.64	0
7	第 3 年	P3	93.06	92.87	92.65	0
8	第 3 年	P4	102.44	106.11	108.72	0
9	第 4 年	P1	49.58	48.58	50.97	48.09
10	第 4 年	P2	68.78	71.76	72.4	68.67
11	第 4 年	P3	92.39	89.68	91	88.96
12	第 4 年	P4	102.5	100.46	99.62	105.27
13	第 5 年	P1	50.57	50.44	50.88	49.55
14	第 5 年	P2	70.59	68.35	70.56	69.24
15	第 5 年	P3	91.64	90	88.83	90.26
16	第 5 年	P4	101.35	104.93	99.82	98.55
17	第 6 年	P1	50.69	48.9	50.45	50.81
18	第 6 年	P2	70.63	71.3	70.24	70.34
19	第 6 年	P3	93.45	90.17	93.46	92
20	第 6 年	P4	101.79	98.21	100.53	100.32

表 A-2 需求量

序号	年份	产品	本地	区域	国内	亚洲
1	第 2 年	P1	32	24	0	0
2	第 2 年	P2	26	18	0	0
3	第 2 年	P3	27	26	0	0
4	第 2 年	P4	24	22	0	0
5	第 3 年	P1	28	26	28	0
6	第 3 年	P2	30	23	33	0
7	第 3 年	P3	31	31	26	0
8	第 3 年	P4	27	35	25	0
9	第 4 年	P1	19	33	33	23
10	第 4 年	P2	32	25	25	30
11	第 4 年	P3	28	37	28	26
12	第 4 年	P4	24	28	26	30
13	第 5 年	P1	30	27	24	31
14	第 5 年	P2	32	23	32	38
15	第 5 年	P3	25	30	29	23
16	第 5 年	P4	31	29	28	22
17	第 6 年	P1	26	30	29	27
18	第 6 年	P2	30	27	33	35
19	第 6 年	P3	20	35	24	25
20	第 6 年	P4	33	28	36	31

表 A-3 订单数量

序号	年份	产品	本地	区域	国内	亚洲
1	第 2 年	P1	11	9	0	0
2	第 2 年	P2	11	8	0	0
3	第 2 年	P3	12	11	0	0
4	第 2 年	P4	9	9	0	0
5	第 3 年	P1	12	12	10	0
6	第 3 年	P2	12	11	11	0
7	第 3 年	P3	12	10	10	0
8	第 3 年	P4	11	13	10	0
9	第 4 年	P1	9	11	12	10
10	第 4 年	P2	12	12	12	12
11	第 4 年	P3	11	13	12	10
12	第 4 年	P4	12	11	11	13
13	第 5 年	P1	11	11	12	11
14	第 5 年	P2	12	10	13	12
15	第 5 年	P3	10	11	12	11
16	第 5 年	P4	12	10	13	10
17	第 6 年	P1	10	11	10	12
18	第 6 年	P2	11	11	11	12
19	第 6 年	P3	12	12	11	11
20	第 6 年	P4	12	12	13	13

附录 B 全国大学生"新道杯"沙盘模拟经营大赛规则

一、竞赛方式

比赛采取团队竞赛方式，每支参赛队 5 名参赛选手，1~2 名指导老师。每支代表队模拟一家生产制造型企业，与其他参赛队模拟的同性质企业在同一市场环境中展开企业经营竞争。参赛选手分别担任总经理、财务总监、营销总监、采购总监、生产总监等角色。

本次比赛模拟企业连续 6 年的经营情况，并以最后一年的最终经营得分减去罚分，计算参赛队名次。比赛按团队计分，不计算参赛选手个人得分。

二、运行方式及监督

本次大赛采用新道新商战沙盘系统 V5.0(以下简称系统)，所有经营操作必须在该系统中执行，竞赛成绩以新商战沙盘系统操作为准。

各队可自带笔记本电脑一台(并自带纸、笔、橡皮、经营表格、计算器)用于辅助计算，比赛提供一台台式电脑并已接入局域网，作为运行平台。建议安装录屏软件。比赛过程中，比赛电脑建议启动录屏软件，全程录制经营过程，每一年经营录制为一个独立文件。一旦发生问题，以录屏结果为证，裁决争议。如果擅自停止录屏过程，按系统的实际运行状态执行。录屏软件请自行去相关网站下载并提前学会使用，比赛期间用干净无病毒的 U 盘拷贝到比赛电脑中，组委会不负责提供录屏软件，也不负责指导使用。

比赛期间所有比赛选手严禁携带任何通信设备。为了系统更快、更顺畅地运行，每队自带的笔记本电脑不允许接入比赛系统。如果恶意接入，裁判有权根据情节严重程度进行相应罚分或者终止该队比赛。

比赛期间计时时间以本赛区所用服务器上的时间为准，赛前选手可按服务器时间调整自己电脑上的时间。大赛设裁判组，负责大赛中所有比赛过程的监督和争议裁决。

三、企业运营流程

企业运营流程建议按照运营流程表(见附录 C)中列出的流程执行，比赛期间不做经营还原。

每年经营结束后，各参赛队需要在系统中填写三个表(综合费用表、利润表、资产负债表)。如果不填，则视同报表错误一次，并扣分(详见罚分规则)，但不影响经营。

四、竞赛规则

1. 生产线(见表 B-1)

表 B-1 生产线

生产线	购置费/万元	安装周期	生产周期/季	总转产费/万元	转产周期	维修费/(万元/年)	残值/万元
超级手工线	40	无	2	0	无	7	8
租赁线	0	无	1	10	1 季	62	−70
自动线	150	3 季	1	10	1 季	10	30
柔性线	200	4 季	1	0	无	10	40
超级租赁线	0	无	1	0	1 季	68	−75

【说明】

- 建设：生产线开始建设及建成后，不允许在不同厂房内移动。
- 转产：只有空的并且已经建成的生产线方可转产。
- 维护费：建成的生产线及转产中的生产线均需要交维修费。
- 出售：不论何时出售生产线，从生产线净值中取出相当于残值的部分计入现金，净值与残值之差计入损失。
- 租赁线：购置费为 0 万元，不用安装，不计提折旧。维修费可以理解为租金，系统将每条租赁线扣 62 万元(每条超级租赁线扣 68 万元)，在出售时(可理解为退租)，系统对每条租赁线将扣除 70 万元(超级租赁线 75 万元)的清理费用，计入损失。
- 计分：租赁线不计加分。

2. 折旧(平均年限法)(见表 B-2)

表 B-2 折旧明细

生产线	购置费/万元	残值/万元	建成第 1 年/万元	建成第 2 年/万元	建成第 3 年/万元	建成第 4 年/万元	建成第 5 年/万元
超级手工线	40	8	0	8	8	8	8
自动线	150	30	0	30	30	30	30
柔性线	200	40	0	40	40	40	40

【说明】

- 生产线按照 5 年计提折旧，生产线建成第 1 年折旧为 0 元。
- 当净值等于残值时生产线不再计提折旧，但可以继续使用。
- 租赁线不提折旧。

3. 融资(见表 B-3)

表 B-3 融资

贷款类型	贷款时间	贷款额度	年息	还款方式
长期贷款	每年年初	所有长贷和短贷之和不能超过上年权益的 3 倍	10%	年初付息，到期还本；每次贷款额不少于 10 万元

贷款类型	贷款时间	贷款额度	年息	还款方式
短期贷款	每季度初		5%	到期一次还本付息；每次贷款额不少于10万元
资金贴现	任何时间	视应收款额而定	10%(1季、2季)，12.5%(3季、4季)	各账期贴现分别核算，分别计息
库存拍卖		库存原材料及产成品均按成本6折售出		

【说明】

- 长贷利息计算：所有不同年份长贷加总再乘以利率，然后四舍五入计入利息。
- 短贷利息计算：按每笔短贷分别计算，然后四舍五入计入利息。29万元短贷的利息为1.45万元，四舍五入后为1万元。
- 贴息计算：1季或2季贴现贴息＝(1季金额或2季金额)×10%，小数位向上取整；3季或4季贴现贴息＝(3季金额或4季金额)×12.5%，小数位向上取整。

4. 厂房(见表B-4)

表B-4 厂房

厂房	买价/万元	租金/(万元/年)	售价/万元	容量/条	厂房出售得到4个账期的应收款，紧急情况下可厂房贴现(4个季度的贴现)，直接得到现金；如果厂房中有生产线，同时要扣租金
大厂房	350	35	350	4	
中厂房	200	20	200	3	
小厂房	110	11	110	2	

【说明】

- 购买、租赁：每季度均可进行租赁或购买。
- 租赁处理：厂房租期为1年；如果第1年第2季度新租用的厂房，则第2年第2季度到期。厂房到期后可在"厂房处理"界面进行"租转买""退租"处理(退租要求厂房中没有任何生产线)。
- 续租：如果租赁到期，未对厂房进行"厂房处理"，则原来租用的厂房在季末自动续租。
- 折旧：厂房不计提折旧。
- 各类厂房可以任意组合使用，但总数不能超过4个，如租一个大厂房买三个小厂房。

5. 市场准入(见表B-5)

表B-5 市场准入

市场	开发费/(万元/年)	时间/年	开拓费用按开发时间在第4季度末平均支付，不允许加速投资，但可中断投资；市场开拓完成后，获得相应的市场准入资格
本地	10	1	
区域	10	1	
国内	10	2	
亚洲	10	3	
国际	10	4	

【说明】
- 无须交市场维持费，中途停止使用，也可继续拥有资格并在以后年份使用。
- 市场开拓，每年只有在第 4 季度末才可以操作。
- 投资中断，已投入的资金依然有效。

6. 资格认证(见表 B-6)

表 B-6　资格认证

认证	ISO9000	ISO14000	开拓费用按开发时间在第 4 季度末平均支付，不允许加速投资，可中断投资；开拓完成后，获得相应的认证资格
时间	1 年	1 年	
费用	20 万元/年	20 万元/年	

【说明】
- 无须交资格维持费。
- ISO 认证，每年只有在第 4 季度末才可以操作。

7. 产品(见表 B-7)

表 B-7　产品

产品名称	开发费用/(万元/季)	开发周期/季	加工费/(万元/个)	直接成本/(万元/个)	产品的原料组成
P1	10	1	10	30	R1＋R4
P2	10	2	10	30	R2＋R3
P3	10	3	10	40	R1＋R3＋R4
P4	10	4	10	60	R1＋R3＋P1(注意 P1 为中间品)
P5	10	5	10	60	R2＋R4＋P2(注意 P2 为中间品)

8. 原料(见表 B-8)

表 B-8　原料

原料名称	购买价格/(万元/个)	提前期/季
R1	10	1
R2	10	1
R3	10	2
R4	10	2

原料到货时必须以现金支付货款，不允许赊账。

9. 紧急采购

付款即到货，原料和产成品价格为直接成本的 2 倍。

紧急采购原料和产品时，直接扣除现金。上报报表时，成本仍然按照标准成本记录，紧急采购多付出的成本计入综合费用表"其他"损失项。

10. 选单规则

最小得单广告额为 10 万元，投 10 万元广告有一次选单机会，每增加 20 万元多一次机会。如果投小于 10 万元广告，则无选单机会，但仍扣广告费，对计算市场广告额有效。广告投放可以为 11 万元、16 万元。

投广告，只规定最晚时间，没有最早时间，即提交当年报表后可以马上投放广告。

选单顺序

(1) 以本市场、本产品广告投放多少顺序依次选单，广告投放多者先选单。
(2) 如果两队的本市场本产品广告额相等，则看本市场所有产品广告投放总额。
(3) 如果本市场所有产品广告投放总额也相等，则看上年本市场销售总额排名。
(4) 如果仍无法决定，先投广告者先选单，依据系统时间决定。
(5) 第一年无订单。

开单顺序

(1) 选单时，两个市场同时开单，各队需要同时关注两个市场的选单进展。
(2) 当其中一个市场先结束，则第三个市场立即开单，即任何时候会有两个市场同开，直到最后只剩下一个市场选单未结束。
(3) 市场开放顺序为本地、区域、国内、亚洲、国际。
(4) 各市场内产品按 P1、P2、P3、P4、P5 顺序独立放单。
(5) 选单时各队需要单击相应"市场"按钮，一个市场选单结束，系统不会自动跳到新开放的市场。

假设有本地、区域、国内、亚洲 4 个市场进行选单。

首先本地和区域市场同时开单；当本地市场选单结束，则国内市场立即开单，此时区域、国内二市场保持同开；当区域结束选单后，则亚洲市场立即放单，即国内、亚洲二市场同开，直至选单结束。

注意：

(1) 出现确认框要在倒计时 7 秒前按下"确认"按钮，否则可能造成选单无效，由此产生的后果由参赛队伍自行负责；
(2) 在某细分市场(如本地、P1)有多次选单机会，只要放弃一次，则视同放弃该细分市场所有轮次的选单机会；
(3) 本次比赛无市场老大。

11. 竞单会(系统一次同时开放 3 个订单竞标，并显示同期所有订单，呈现的竞单年份以市场预测发布为准)

参与竞标的订单标明订单编号、市场、产品、数量、ISO 要求等，而总价、交货期、账期三项为空。竞标订单的相关要求说明如下：

对于竞拍会的订单，价格、交货期、账期都是根据各个队伍的情况自己填写选择的，系统默认的总价是成本价，交货期为 1，账期为 4，需要根据需求手工修改。

1) 投标资质

参与投标的公司需要有相应市场、ISO 认证的资质，但不必有生产资格。

中标的公司需要为该单支付 10 万元中标服务费，在竞标会结束后一次性扣除，计入广告费。

如果"(已竞得单数＋本次同时竞单数)×10 >现金余额"，则不能再竞，即必须有一定库存现金作为保证金。如果同时竞 3 个订单，库存现金为 58 万元，且已经竞得 3 张订单，那么竞标结束后会扣除 30 万元标书费，剩余 28 万元可用库存现金。此时，该参赛队不能继续参与竞单，因为万一再竞得 3 张，58 万元的库存现金将不足以支付中标服务费 60 万元。为防止恶意竞单，对竞得单数进行限制，如果某队"已竞得单数>ROUND(3×该年竞单总数/参赛队数)"，则不能继续竞单。

注意：
(1) ROUND 表示四舍五入；
(2) 如上式为等于，可以继续参与竞单；
(3) 参赛队数指经营中的队伍，破产已退出比赛的组不算在内。

假设某年竞单，共有 40 张，20 个队(不含破产已退出经营的队伍)参与竞单，当某一个队已经得到 7 张单，因为 7>ROUND(3×40/20)，所以不能继续竞单；如果已经竞得 6 张，可以继续参与。

2) 投标

参与投标的公司需要根据所投标的订单，在系统规定时间(90 秒，以倒计秒数显示)填写总价、交货期、账期三项内容，确认后由系统计算得分，得分最高者中标；如果计算分数相同，则先提交者中标。得分的计算公式为

$$得分 = 100 + (5 - 交货期) \times 2 + 应收账期 - 8 \times 总价/(该产品直接成本 \times 数量)$$

注意：
- 总价不能低于(可以等于)成本价，也不能高于(可以等于)成本价的三倍；
- 必须为竞单留足时间，出现确认框要在倒计时 7 秒前按下"确认"按钮，否则可能造成选单无效，由此产生的后果由参赛队伍自行负责；
- 竞得订单与选中订单一样，算市场销售额；
- 竞单时不允许紧急采购，不允许市场间谍。

12. 订单规则

(1) 交货：订单需要按照交货期提交，也可以提前交货；
(2) 应收账款：应收账期从交货时间开始算起；
(3) 违约：若订单未在规定期交货，系统收回订单，同时按照订单销售金额的 20%四舍五入罚款，罚款在当年结束时现金扣除。违约金计入其他损失。

13. 取整规则

(1) 违约金扣除——四舍五入(每个订单单独计算)。
(2) 贴现费用——向上取整。
(3) 扣税——四舍五入。
(4) 长短贷利息——四舍五入。

14. 特殊费用项目

(1) 其他损失：库存折价拍卖、生产线变卖、紧急采购、订单违约造成的损失计入综合费用表其他损失项。
(2) 融资：本次比赛不提供融资。

15. 重要参数(见图 B-1)

(1) 每市场、每产品选单时，第一个队选单时间为 60 秒，自第二个队起，选单时间

设为 35 秒。

(2) 信息费为 2 万元/次·队(见图 B-2)，即交 2 万元可以查看另一个队的企业信息一次，交费企业以 Excel 表格形式获得被间谍企业的详细信息(可看到的信息框架结构如图 B-3 所示)。间谍无法看到对手的广告。

图 B-1　重要参数

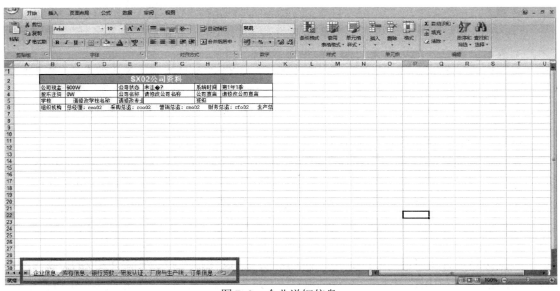

图 B-2　间谍信息费

图 B-3　企业详细信息

16. 竞赛排名

完成预先规定的经营年限,将根据各队的最后分数进行评分,分数高者获胜,总成绩计算公式为

$$总成绩 = 所有者权益 \times (1 + 企业综合发展潜力/100) - 罚分$$

企业综合发展潜力如表 B-9 所示。

表 B-9　企业综合发展潜力

项目	综合发展潜力系数
超级手工线	+4/条
自动线	+8/条
柔性线	+10/条
大厂房	+10/个
中厂房	+9/个
小厂房	+8/个
本地市场开发	+7
区域市场开发	+7
国内市场开发	+8
亚洲市场开发	+9
国际市场开发	+10
ISO9000	+8
ISO14000	+10
P1 产品开发	+7
P2 产品开发	+8
P3 产品开发	+9
P4 产品开发	+10
P5 产品开发	+10

注意:

(1) 如有多支队伍分数相同,则第 6 年年净利润高者排名靠前。若第 6 年净利润也相同,则最后一年在系统中先提交报表者排名靠前。

(2) 生产线建成即加分,无须生产出产品,也无须有在制品。租赁线不加分。

17. 罚分规则

1) 运行超时罚分

运行超时有两种情况:一是指不能在规定时间完成广告投放(可提前投广告);二是指不能在规定时间完成当年经营(以报表提交结束时间为准,第 1~6 年均需要提交报表)。

处罚:超时少于或等于 10 分钟,按 20 分/分钟(不满一分钟算一分钟)计算罚分;超时 10~20 分钟(含 20 分钟),按 100 分/分钟(不满一分钟算一分钟)计算罚分,最多不能超过 20 分钟;如果到 20 分钟还不能完成相应的运行,将按破产处理。

2) 报表错误罚分

必须按规定时间在系统中填制资产负债表,如果上交的报表与系统自动生成的报表对照有误,每次在总得分中扣罚 100 分。当年结束后,裁判会通过公告信息下发系统提供的准确报表。

注意：上交报表错误和运营时间超时分别计算罚分，如果上交报表延时但正确，则只计算运营超时罚分。如果上交报表延时并且错误，则既要计算运营超时罚分，也要计算报表错误罚分。

3) 其他违规罚分

在运行过程中下列情况属违规：

(1) 对裁判正确的判罚不服从；

(2) 在比赛期间擅自到其他赛场走动；

(3) 指导教师擅自进入比赛现场；

(4) 其他严重影响比赛正常进行的活动。

有以上行为者，视情节轻重，扣除该队总得分的 200~500 分。

18. 破产处理

当参赛队所有者权益为负(指当年结束时，系统生成的资产负债表中的所有者权益为负)或现金断流时(所有者权益和现金可以为零)，企业破产。

参赛队破产后直接退出比赛，最终成绩记"破产"，并参加有效排名，所有破产队伍成绩排在未破产队伍之后。破产队伍按照企业模拟的虚拟运营时间的先后倒序进行排序。假如 A 组第三年结束时因为财务报表统计所有者权益为负宣布破产，B 组第三年第二季度时因为现金断流宣布破产，则 B 组排名高于 A 组。如果由于权益为负宣布破产的虚拟运营时间相同(如均为第三年年末权益为负宣布破产)，则比较队伍本年权益，较高者排名靠前，若相等，则排名相同。若因现金断流破产的虚拟时间相同，则比较上年所有者权益，所有权益高者排名靠前，若相等则排名相同。

19. 操作要点

(1) 应收款由系统自动收回，不需要各队填写收回金额。

(2) 系统只显示当前可以操作的运行图标。

(3) 选单时必须注意各市场状态(正在选单、选单结束、无订单)，选单时各队需要单击相应市场的按钮，界面如图 B-4 所示。

图 B-4　选单界面

20. 系统整体操作界面(见图 B-5)

图 B-5　系统操作界面

21. 关于公共间谍

年末由裁判统一发令,可通过间谍功能下载查看其他组的信息。公共间谍期间信息费为 0 元,其他正常经营期间信息费为 2 万元。

22. 其他

凡是因为未仔细阅读或未遵照本规则,导致比赛中出现不利局面,由参赛队伍自行负责。大赛组委会在比赛过程中不对规则进行任何解释。

附录 C 运营流程表

操作顺序	手工操作流程	系统/手工操作
年初	新年度规划会议	
	广告投放	输入广告费确认
	参加订货会选单/登记订单	选单
	参加竞单会/登记订单	竞单，扣除标书费
	支付应付税	系统自动
	支付长贷利息	系统自动
	更新长期贷款/归还长期贷款	系统自动
	申请长期贷款	输入贷款额并确认
1	季初盘点	
2	更新短期贷款/短期贷款还本付息	系统自动
3	申请短期贷款	输入贷款额并确认
4	原材料入库/更新原料订单	需要确认金额
5	下原料订单	输入并确认
6	购买/租用厂房	选择并确认，自动扣现金
7	更新生产/完工入库	系统自动
8	新建/在建/转产/租赁/变卖生产线	选择并确认
9	紧急采购原料(随时)	随时进行输入并确认
10	开始下一批生产	选择并确认
11	更新应收款/应收款收现	系统自动
12	紧急采购产成品(随时)	随时进行输入并确认
13	按订单交货	选择交货订单确认
14	产品研发投资	选择并确认
15	厂房-出售(买转租)/退租/租转买	选择确认，自动转应收款
16	新市场开拓/ISO 资格投资	仅第 4 季度允许操作
17	支付管理费/更新厂房租金	系统自动
18	出售库存	输入并确认(随时进行)
19	厂房贴现	随时
20	应收款贴现	输入并确认(随时进行)
21	季末盘点	
年末	缴纳违约订单罚款	系统自动
	支付设备维护费	系统自动
	计提折旧	系统自动
	新市场/ISO 资格换证	系统自动
	结账	在系统中填制报表